André Mathieu

La machine à pauvreté

ou *Le B.S. vu de l'intérieur*
ou *Le Tiers Monde canadien*

IMPRIME au CANADA
COPYRIGHT © 2001 par
André Mathieu

Dépôt légal:
Bibliothèque nationale du Canada
Bibliothèque nationale du Québec

ISBN 2-922512-18-5

Nous méprisons beaucoup de choses, pour ne pas nous mépriser nous-mêmes.

Vauvenargues

Un mot de l'auteur

Dans ce livre, sauf si la spécificité le requiert, le masculin inclut le féminin; le Canada inclut le Québec; le mot pays signifie Canada y compris le Québec.

Malgré des contacts personnels directs avec des gens de pouvoir, je ne suis pas engagé politiquement depuis 1973. En fait, je considère mon abstentionnisme en matière de scrutins à caractère politique comme un vote de non-confiance envers nos gouvernements, tous nos gouvernements.

Et si comme le préjugé et bien des gens le prétendent, mon abstentionnisme me prive du droit de critiquer, tandis qu'à mes yeux, il constitue la seule **vraie** critique du système, alors la démocratie est en contradiction avec elle-même, qui m'oblige à l'embrasser et à la cautionner pour que je conserve mon droit d'expression et de contestation.

Elle a deux faces et bien piètres, cette démocratie qui ne tire aucune leçon de l'abstentionnisme électoral.

Il n'y a que les dictatures pour forcer les gens à voter dans des élections bidons ne proposant pas de choix réel.

A.M.

Note

Dans les pages qui suivent, l'expression *machine à pauvreté* sera prise au sens strict de BS. Mais parfois au sens large et désignera alors notre système canadien qui cache ses turpitudes derrière un masque recouvert d'acquis sociaux, et appauvrit ceux qui ont les besoins et pas les moyens tandis qu'il enrichit ceux qui ont les moyens et pas les besoins.

Introduction

Lettres de noblesse

BS: deux petites lettres connues de tous au plus beau pays du monde. Drôlement plus connues en tout cas que PM, que PQ, que PLC, que NS, que BN, que JC ou même JP2. J'ai voulu vous faire passer le test et n'ai triché qu'en ôtant les points requis par les abréviations. Oui, PM pour Premier ministre. PQ pour parti québécois ou province de Québec. PLC pour parti libéral du Canada. NS pour Notre Seigneur. BN pour Banque Nationale. JC pour Jean Chrétien ou peut-être Jésus-Christ. Ou Jean Charest tant qu'à faire. Je vous fais grâce de JP2.

BS: deux petites lettres chargées à bloc, lourdes comme un monde, comme un Tiers-Monde... Appesanties par le préjugé généralisé. Truffées du mépris populaire. Broyeuses d'ego. Rouleau-compresseur de la personnalité humaine qui aplatit celui qui passe dessous. Deux lettres chargées de honte, de défaite et de défaitisme, d'indignité, d'un sentiment de culpabilité, de la perte d'estime de soi. En un mot: deux petites lettres abominables.

BS: deux petites initiales qui font jouir ceux qui en parlent et n'en sont pas atteints. Qui tuent à petites doses ceux qui le sont. Expression par excellence du sadisme populaire. Triste masochisme de certains qui en souffrent: pas tous, loin de là, heureusement.

BS: deux clous qui vous crucifient un homme et en font la victime idéale pour un peuple au coeur de plus en plus nazifié.

L'enfant en couverture de ce livre verra sa vie écourtée de 7 ans du seul fait qu'elle est née et a grandi dans un milieu BS, dans une famille condamnée à la misère et vissée à elle par la machine à pauvreté institutionnelle.

Je sais, ça ne vous fait pas un pli sur la différence puisque vous n'avez pas de coeur et que votre petite bourse bien méritée, vos petits biens matériels si durement gagnés, vos privilèges conquis de haute lutte, vos surplus et votre superflu dépassent et de loin en importance la vie des *misérables*. Et vous "poncepilatisez" devant la misère des petites filles pauvres en déclarant que leurs géniteurs sont seuls responsables de leur croissance et de leur devenir. Vous faites partie de la grande catégorie des *charitables*. (Dont je me suis payé la gueule dans mon roman *Extase*.) Bravo et chapeau! Peut-être même êtes-vous de ceux, journalistes, travailleurs sociaux, fonctionnaires du BS, politiciens, artistes impliqués dans la chose caritative ou autres, qui font du millage sur le dos des démunis. Vampires des pauvres.

Vous êtes aussi de ceux qui jettent l'anathème sur les indigents en transportant à l'occasion le préjugé qui tue l'âme à force de l'écraser chaque jour un peu plus, et qui ont fait de deux petites lettres, BS, les plus connues du pays et les plus avilissantes qui soient. Combien de fois dans votre vie avez-vous craché de votre bouche remplie de steak et de bave les deux petites lettres infamantes au visage d'un malheureux ou bien à tort et à travers, dans n'importe quel lieu public ou réunion familiale ou autre sans vous soucier de la présence à portée de votre voix de quelqu'un qui fut happé par la machine à pauvreté instituée par l'État à la demande même de votre bassesse humaine?

Avant de cesser votre lecture de ce livre, allez donc faire le compte de tous vos surplus et superflus depuis vingt ans. Avant de la poursuivre, réfléchissez-y, car son auteur n'a rien à vous apporter, rien d'autre que sa révolte, sa colère et ses reproches. Nulle part dans ce livre, il ne sera dit que ce n'est pas de votre faute. CAR C'EST DE VOTRE FAUTE.

Mais avant de prendre votre décision de cesser ou de poursuivre votre lecture, je vous dis de vous servir de votre balance morale pour soupeser vos attitudes et raisonnements. Sur le plateau de droite, mettez vos rages anti-BS de même que vos charités soulageantes. Sur le plateau de gauche, mettez votre véritable compassion envers les pauvres et vos générosités authentiques.

Et si ça penche du côté où je pense, ne soyez pas assez maso pour me suivre jusqu'à la dernière page ou bien votre ego risque d'en prendre un coup. Ce qui n'est pas mortel; la machine a bien brisé le mien, mon ego, et je suis encore debout, clavier au bout des doigts. On ne meurt pas forcément d'une destruction morale. On survit. On continue d'exister...

En fait, je vous hais simplement.

Je suis encore capable de sentiments profonds. Je sais votre coeur du côté des riches, des puissants, des Péladeau, des Céline, des Mario, de tous ces millionnaires admirables que vous louez chaque semaine et célébrez ad nauseam dans vos têtes rapetissées par des valeurs rétricissantes, tandis que pour vous, les pauvres n'ont ni nom, ni visage, ni dignité, ni voix, ni humanité et ne forment même pas un troupeau puisqu'ils sont des nuls, sous-hommes isolés qu'il faut faire vivre à même ses surplus et son superflu: des 'christ' de BS ainsi que tant d'entre vous se plaisent à le dire à tout venant.

À propos, n'avez-vous pas eu envie de faire parvenir un cadeau de naissance à notre René-Charles mondial, pauvre petit pitoyable... Non? Pourtant, en achetant les journaux ou revues qui en montraient la photo, c'est ce qu'on vous a fait faire... Jouissez, imbéciles agenouillés, vous avez fait votre petite part pour la royauté...

Je vous hais parce que vous haïssez l'enfant qui se trouve en couverture et que vous vous moquez de son lent assassinat pourvu que chaque année, vous puissiez vous flatter le nombril grâce à vos charités décorées de rubans en couleurs.

Mais j'ai beau vous haïr, je n'irais pas jusqu'à m'en prendre à votre vie comme **vous** le faites, **vous**, par vos attitudes négatives envers les démunis, vos préjugés encroûtés – comme cette merde durcie sur les postérieurs des vaches de mon enfance–, votre apathie indifférente et vos générosités malvenues, malintentionnées et malheureuses.

Continuez de traiter les BS de BS avec tout ce que cet appellatif contient de venin, poursuivez votre rage de privilégié à l'instar du *petit-coq-d'Inde-pas-de-tête* des ondes montréalaises et du *gros-cochon-d'Inde-pas-de-coeur* des ondes québécoises. Continuez d'haïr et comprenez-moi de vous haïr en retour. Vous semez la haine; je vous la retourne au nom de mon groupe de démunis, c'est tout.

Et si vous n'êtes pas content, retournez-moi ce livre et je vous le rembourserai. Ou tiens garrochez-le donc à la face d'un pauvre avec votre prochain panier de Noël si bien arrosé de larmettes et... de quelques gouttes de champagne.

Mais probable que vous l'avez emprunté comme la plupart de ceux qui le liront; et moi, je toucherai moins pour mon travail que ce que le BS pourrait m'apporter grâce à votre 'compassion' de bon citoyen, à même vos taxes si affligeantes, à même votre sueur et votre sang... Moi, votre sangsue, votre vampire qui ne vous apporte rien sinon un peu de soulagement et de baume pour votre grande âme généreuse, et qui prend tellement de la société. Oh qu'on va y revenir, à ces calculs de *give and take* !...

P.S.–Je crois que mes vrais lecteurs supporteurs, mes inconditionnels, comprennent ce que je viens de vouloir dire. Et ne sentent pas lésés par mon propos. Sinon tant pis pour eux et tant pis pour moi !

Un mot de plus ajouté après la rédaction du livre.

On me trouvera répétitif peut-être au long de cet ouvrage. La problématique est au fond simple et peut se résumer en la page argumentaire du livre qui la cerne toute. Il faudra redire sans cesse la même chose pour qu'elle commence à avoir un peu de prise. Il fut proposé une idée claire et nette, simple comme bonjour, il y a un petit bout de temps de cela, et elle fut reprise par combien des bouches depuis, soit: "*Aime ton prochain comme toi-même.*" Notre machine à pauvreté qui barricade tant de gens dans le ghetto du paupérisme fait tout pour que le contraire se produise. Et le réussit fort bien.

Je n'ai pas fait de littérature dans les pages qui suivent. Le livre fut écrit en 12 jours. Ce n'est pas l'oeuvre du romancier que je suis ni même de l'essayiste que je ne suis pas vraiment, mais celle d'un être humain qui retourne à son milieu, à la façon d'un boomerang, les colères voire les rages de ce milieu. J'ai voulu que mon petit univers québécois prenne conscience de certaines valeurs perdues pour qu'il tente, peut-être, de les replacer dans son échelle. Ce dont je doutais fort avant de commencer ce livre et dont je doute encore davantage maintenant...

Car un peuple qui grimpe dans une échelle dont trop de barreaux sont brisés finit toujours par perdre pied et se casser la gueule en bas... Ce n'est pas mon souhait, c'est mon avertissement...

***

Avant-propos

Là où j'en suis.

Romancier. Naissance beauceronne en 1942. Près de 60 ans donc.

Pas un sou.

Pas de fonds de retraite.

Pas de biens accumulés.

Pas de REÉR.

Pas beaucoup de santé.

Quelques vieux meubles.

Et une menace du BS pour une somme de 50,000$

Et pourtant...

14 ans d'enseignement (1961-1975)

24 ans + d'écriture (1977 - maintenant)

43 ouvrages avec celui-ci

236,682 exemplaires vendus (chiffres authentifiés)

5,500 ventes au titre (en moyenne)

Bonne circulation publique (bibliothèques) de mes titres.

Pas la moindre subvention.

Aucun crédit bancaire.

Presque pas de couverture médiatique.

Comment en suis-je là?

Malchance peut-être? Pas plus que d'autres.

Mauvaises décisions? Pas tellement.

Manque de talent? Les chiffres de ventes seuls sont pertinents ici.

Manque de travail? Les chiffres (43 livres en 24 ans) ne parlent-ils pas assez?

Quoi d'autre? Grattons-nous les méninges.

Étroitesse du marché? Celui des années 80-90 m'a pourtant fait vivre dans la décence et la dignité.

Non, rien de tout ça, ni même l'ensemble de ces choses n'explique mon dénuement, tandis que la plupart des gars de mon âge sont déjà à la retraite, pieds bien au chaud dans leur maison payée, à planifier leur prochain voyage dans le sud. Ce que je serais si je n'avais changé de voie en 1975 pour suivre la mienne, croyant alors comme bien d'autres en des lendemains plus mélodieux dans un avenir meilleur.

Le seul et unique responsable de mon état, c'est l'État. Québec et Ottawa confondus. Lui et sa machine à pauvreté.

La faute à l'État

Encore un autre qui rejette la responsabilité sur les gouvernements, dit déjà l'imbécile avant de connaître les faits.

Beaucoup de gens pensent ainsi et clouent leur semblable en difficulté dans un tel raisonnement devenu un cliché qui sert bien entendu leurs propres intérêts. "*La balance de nos opinions penche du côté de nos intérêts,*" disait l'autre.

Je vais démontrer dans ce livre que la pauvreté qui m'afflige et me retient prisonnier est attribuable à l'État à 100%. Pas à 20% ou 60%. Ni à 80%. À 100%.

Non seulement ce pays m'a-t-il précipité pieds et poings liés dans la pauvreté, mais il fait tout –et cela ne vise pas que moi bien sûr– pour que j'y sois enchaîné à demeure. Il le fait par ses bricolages et son aveuglement. Il le fait en permettant et en encourageant le marquage au fer rouge du préjugé de tous ceux dont le crime majeur en est un de faiblesse. En utilisant la bassesse humaine pour stigmatiser la faiblesse humaine.

Et alors qu'à force de sueur et de sang, je parviens enfin à m'échapper des griffes de la machine à pauvreté, à retrouver le chemin d'un minimum de liberté, du moins celle d'écrire, voici que l'État, à mon détriment, au sien et à celui de toute la population, cherche à me rattraper pour me rejeter dans l'infâme geôle et à m'y enfoncer définitivement. L'État, cet ennemi public numéro un, me veut dépendant, improductif, drogué, contrôlé, surveillé... comme il veut que le demeure un sixième de sa population. Non satisfaite d'avoir massacré ma dignité, mon revenu, mon emploi, mon ego, mes travaux et mes rêves, et surtout ma santé, la machine à pauvreté gouvernementale canadienne veut pour moi une retraite enragée. Et cette mécanique arrogante pour coiffer le tout voudrait qu'on lui soit reconnaissante. On te dépouille de tout, on te jette dans un puits, on te vend (prêt public de mes livres) et en plus, on te reproche ton ingratitude. Ça va bien faire!

Ce livre constituera sans doute le premier chapitre de ma retraite enragée. Les suivants pourraient bien être plus 'enragés' encore. J'aurai du temps pour ça.

Cas d'espèce

On voudra bien vite me signaler: "*Ah, mais t'es un cas spécial. Tu as travaillé fort. Tu as tout mis, tout fait pour t'en sortir. Mais les autres BS sont des fainéants, eux; tu es l'exception qui confirme la règle.*"

Non, non et non! La même machine qui me frappe, m'aspire, me broie et cherche à me digérer, utilise avec tous les pauvres en son pouvoir les mêmes méthodes avilissantes, dégradantes, démotivantes, asservissantes. C'est une mécanique inhumaine qui doit être dénoncée par quelqu'un de l'intérieur ou alors jamais elle ne sera interpellée comme il se doit, analysée et surtout démantelée pour être remplacée par quelque chose d'humain, de productif, de stimulant. Parce que les gens de l'extérieur, malgré toutes leurs bonnes intentions, ne peuvent pas savoir. Pas plus qu'un homme ne peut savoir ce que signifie accoucher. La machine BS détruit son homme par la peur, la marque au front, la mise aux fers de l'impuissance, la démotivation systématique et permanente.

Avant que le fossé qui sépare les misérables et les charitables ne s'élargisse au point de nous précipiter tous dans la catastrophe, peut-être, pourquoi pas, une troisième guerre mondiale, sociale celle-là, pas une guerre nucléaire ou fondée sur des groupes organisés, mais qui utilise le quotidien avec tout ce qu'il contient de matériaux dangereux, avant que le pire ne survienne, peut-être que nos meneurs devraient regarder à seulement quelques années du bout de leur nez. Car ce qui est techniquement possible et psychologiquement provoqué deviendra vite humainement réalisable.

Sûr qu'on n'est jamais semblable à son voisin qui est lui

aussi un être humain comme soi, mais je ne suis pas un cas d'espèce même si je suis un BS préfabriqué. La misère des pauvres est la même que la mienne. La même maudite machine nous frappe. La mécanique qui les cloue dans l'inertie est celle-là qui cherche à me ligoter aussi. Et qui l'a fait durant plusieurs années. Pire pour eux, ils n'ont ni ma tête de cochon ni ma capacité de riposter.

Opting out

Ou sortie du placard...

Moins souvent maintenant, mais parfois encore, à une de ces émissions comme *Droit de parole*, qui ont pour mission occulte de nous faire croire que nous vivons en démocratie, on entend un jeune diplômé avouer qu'il survit d'aide sociale.

On le comprend: il est jeune.

On lui pardonne: il manque de débouchés en son domaine. Mais qu'il ne traîne pas indéfiniment là-dessus ou alors il lui en cuira.

Et il sait bien, lui, qu'on va lui pardonner sa faute. Car dans l'esprit de la majorité bien-pensante, vivre de BS est une faute plus répugnante que le péché de la chair de jadis.

Mais avouer à 40, 50 ou 60 ans qu'on est bénéficiaire de la sécurité du revenu, voilà qui se rapproche par certains aspects de la sortie du placard (opting out) des personnes homosexuelles. Car il y a l'ostracisme des gais tout comme il y a celui des BS. On méprise le gai parce qu'il n'est pas comme soi, mais on hait le BS en plus de le mépriser parce qu'on croit le faire vivre par ses taxes à la charité sociale.

Attention, de nos jours, il y a la fierté gaie. Mais pas la fierté BS. Il y a les défilés gais, mais à peine une marche des femmes qui défend les BS par la bande. Il y a les vedettes gaies, les Rock Hudson, les Jodie Foster, les Gilles Pinard et tous ces Michel de la faune artistique montréalaise, tous gens que je respecte du reste; oui, mais qui sont donc les vedettes BS? Qu'on me les nomme! Et puis il y a les députés gais. Qui sont les députés BS? Ha ha ha ha...

Il y a la solidarité gaie, le "réseautage", le village. Et il y a l'excuse (tout à fait légitime) des gènes. Et le soutien du nombre. Quelle est la solidarité BS? Le réseautage BS? Le village BS? Le gène BS? Le soutien du nombre?

Avouer en public recevoir du BS, c'est bien plus dur que de révéler son homosexualité. Car le BS, lui, est seul, seul. Isolé. Victime perpétuelle du préjugé qui chaque jour éclate dans toutes les conversations de gens bien-pensants, ceux-là même qui une fois l'an se payent un peu de bonne conscience avant les Fêtes par une aumône arrosée de larmettes, versée à quelque guignolée bricolée qui sert avant tout à dorer l'image d'une célébrité morte ou vivante.

Il m'est souvent venu à l'idée que le BS a bien moins de parenté avec l'homosexuel qu'avec le Juif allemand des années 30. Il était lui aussi honni, hué, méprisé, isolé. Lui aussi portait la marque de l'infamie, son étoile jaune, telle la marque BS imprimée au fer rouge au front du pauvre d'ici, et qui l'empêche d'obtenir du crédit bancaire, et qui lui fait souvent payer plus cher ce qu'il achète, et qui lui soutire sa dignité, et qui lui retire sa motivation, et qui l'enchaîne dans la peur et l'inertie, et qui souille ses CV et lui fait rater mille occasions.

Il m'est souvent venu à l'idée aussi que le BS a bien moins d'affinités douloureuses avec les gais qu'avec les Noirs américains des années 50 et avant. Il leur était interdit les mêmes choses qu'aux BS d'aujourd'hui et d'ici. Crédit.

Emplois. Voyages. Loisirs. Sports. Sorties. Nourriture saine. Espérance de vie moyenne. La liste est très longue.

En fait, mon courage n'est pas si grand puisque j'ai mes livres pour me conforter et le nombre de mes lecteurs. Mais le BS qui n'a pour seule force que sa faiblesse, je ne sais pas si je suis capable de ressentir sa vraie douleur, son impuissance désespérante. Mais si quelqu'un peut en voir la piste, c'est bien moi, je crois, qui au moins partage avec lui le préjugé, les privations, les peurs et tout le reste.

Pourquoi ce livre?

Pour l'argent peut-être? Je ne sais pas pourquoi les gens pensent tous qu'un livre rapporte une fortune à son auteur alors qu'il lui vaut rarement plus de $1. l'heure. (Un dollar, pas dix.) Et encore, fait-il donner dans le livre de cuisine, le guide ésotérique ou le roman! Et encore, puisqu'un roman n'est même plus rentable par les temps qui courent et depuis quelques années, et ce, en raison d'une concurrence subventionnée aussi féroce que déloyale.

Pour la promotion? C'est sûr que la pauvreté fait saliver les médias à l'approche de Noël, mais quand on verra que son auteur est la bête noire du système du livre, le rebelle de la profession, celui qui, sans un sou d'aide de l'État est parvenu à pondre et publier 43 ouvrages en 24 ans et les vendre à 5,500 au titre en moyenne, et avec presque pas de couverture médiatique, on va encore ignorer. Collusion des pouvoirs. Réseautages...

J'envisage donc perdre environ $ 2,000. sur ce titre.

Alors pourquoi le publier? Par conscience sociale d'abord et avant tout. Je veux que ce livre fasse réfléchir et puisse contribuer à amener le démantèlement de la monstrueuse machine à pauvreté qu'est le BS et son remplacement par une pensée et des mesures positives et stimulantes. On y reviendra plus loin.

Moins noblement maintenant, je veux oui régler des comptes avec cette société atroce qui m'a tant volé, tout volé, ainsi que je vais le démontrer dans le chapitre 7. Et peut-être mettre entre les mains de jeunes idéalistes les idées et moyens de lui foutre au moins mon poing sur la gueule, à ce système démentiel qui nous conduit tous au pire.

Enfin, je veux par ce livre défendre mon droit d'écrire devant les générations à venir car celles de maintenant, dépravées par l'égoïsme et le matérialisme outrancier, sont incapables de comprendre ces choses-là.

Je dirai en terminant cet avant-propos que le contenu de cet ouvrage existe déjà sous forme romanesque dans mon ouvrage de 1998 (écrit en 1997) au titre de *Entre l'amour et la guerre*.

Fin de la pauvreté

Il y aura toujours des pauvres... Si c'est vrai, il y a bien assez que la nature en condamne certains à la pauvreté sans que les États y ajoutent leur propre condamnation en instituant des machines broyeuses d'humains comme celle du BS.

J'en entends déjà dire aux bénéficiaires que mon livre prêche la fin de leurs maigres ressources tandis qu'il prône une justice distributive qui n'enlève rien à personne, qui, bien au contraire, mobilise tous les citoyens et rende productive cette partie de la population enchaînée par le système.

Fin du préjugé. Fin de la peur. Fin de l'isolement social. Fin du mépris. Fin de la tricherie. Fin de la culpabilité. Fin de la dépersonnalisation. Un enrichissement général. Plus

d'équilibre social. De justice. Fin de la violence froide exercée sur une partie sans voix de la population. Fin de l'utilisation de la pauvreté au service des intérêts des profiteurs du
système.

Je rêve.

Pourtant, tout cela est possible. Ce livre contient la solution et fait plus que crier de rage.

***

1

La pauvreté hier

Il y avait Marie Sirois par chez nous du temps de mon enfance. Une monoparentale (veuve) avec une trâlée d'enfants. J'ai abondamment parlé d'elle dans ma série de quatre romans réunis sous l'appellation des *Rose*, soit *Rose, Le coeur de Rose, Rose et le diable* et *Les parfums de Rose*.

C'était l'exemple par excellence de la misère humaine. On avait froid chez elle. On avait faim chez elle. La malheureuse vivait dans une maison à l'écart du village, en fait à deux milles de l'église. Elle faisait le trajet à bicyclette l'été et à pied le reste de l'année, entourée de ceux des enfants qui pouvaient l'accompagner et laissant à la maison les plus jeunes sous la surveillance de l'aînée quand ce n'était pas au tour de la plus vieille de prendre sa place pour conduire les autres vers l'école ou les rigoureuses dévotions paroissiales du temps.

Frappée par le sort, perte de son mari et nombre élevé d'enfants, la veuve ne pouvait pas travailler à l'extérieur moyennant salaire simplement parce qu'il n'y avait pas d'emplois disponibles pour elle, une femme. (*Dans **Rose**, elle obtient du travail dans une manufacture de boîtes à beurre.*

25

Fiction. Une seule femme a travaillé dans cette micro-usine; elle avait pour nom Edna Viger et n'était ni veuve ni mère.)

Un jour, le curé Ennis, lors d'une visite paroissiale, fut confronté avec la misère extrême dans cette maison. Peut-être aurait-il dû y voir avant et moins jouer aux cartes avec les 'élites' du coeur du village, mais toujours est-il que le jour où il a fait sa prise de conscience, il a aussitôt pris les choses en mains et plus jamais ensuite, la faim profonde et le froid mordant ne s'emparèrent des lieux, tous les deux chassés par le prêtre qui agit comme il le devait: en bon père de la famille paroissiale.

Isolée psychologiquement, prisonnière d'une honte injustifiée, la veuve ne s'était pas plainte, n'avait pas sonné la cloche d'alarme. Il faut dire à la décharge du presbytère que les prêtres avaient tout de même une grosse paroisse à s'occuper.

Et puis nous étions tous pauvres à l'époque. Pas de frigidaire chez nous. La mère nous alimentait à la farine et aux 'cannages'. Viande en saison froide puisqu'on pouvait la conserver gelée sur les entraits du hangar et parce qu'il fallait une nourriture plus substantielle pour nous permettre de braver les intempéries, les déperditions de chaleur causées par les basses températures à répétition de cette époque.

On crevait de chaleur les soirs d'hiver chez nous; on crevait de froid les nuits d'hiver chez nous. La fournaise transformait les bûches en calories qui s'échappaient rapidement par tous les pores des murs et du toit. Ce même maudit toit qui nous coule encore sur la tête en 2001 quand on va là-bas le Jour de l'an.

Le printemps, c'était la saison du 'baloné' et des oeufs dans le sirop. Mon père achetait le saucisson par rouleaux entiers et nous grugions 'après' jusqu'au prochain rouleau. Charogne assaisonnée. Avec les bananes des soirs d'été, ce fut la principal matériau de construction de nos santés, de nos dents, de nos muscles y compris celui du coeur.

Et puis il y avait les légumes de fin d'été, d'automne, les fruits protéinés comme ces pommes blanches piquées de gros vers verts. Comme j'en ai découvert, des demi-vers dans mes pommes vertes en ce temps-là! Et à l'année longue les sempiternelles 'pétaques'. Maudites pétaques. Pétaques nouvelles en automne. Pétaques plissées en hiver. Pétaques germées au printemps. Pas de pétaques en été. Étésbananes comme je le disais.

Pauvre, on l'était. Pas de tévi. Pas de violence à tévi. Pas d'électricité dans les rangs de la paroisse. Pas de phonographe. Un téléphone à trompe. Quoi encore? Un Kodak. Petite boîte noire que l'on sortait une fois par hiver et une fois par été, histoire de fixer sur pellicule la taille des enfants. C'est sur ces photos que d'une année à l'autre, on pouvait voir les manteaux changer de dos.

Et mes patins, mes chers patins. Pas d'argent pour des neufs, j'en avais un noir et un brun. Une lame plus longue que l'autre. Je les mettais avant de partir de la maison pour ne pas faire rire de moi en me chaussant devant tous les autres dans la cabane de la patinoire. Est-ce pour cela que je ne me suis jamais rendu à la sainte glace du Forum de Montréal? Pas sûr, pas sûr pantoute!

Mon ami d'enfance et voisin, orphelin de mère, était élevé par ses grands-parents gâteaux. Il a tout eu ce qu'un enfant pouvait rêver d'avoir. Canne à pêche. Avec moulinet s'il vous plaît. Trottinette. Bicyclette. Lunettes. Nous étions envieux. La mère nous expliquait sa chance d'orphelin.

Ce fut plus long, mais nous aussi, on a fini par avoir une canne à pêche, une trottinette, une bicyclette. Mais je n'ai toujours pas de lunettes à soixante ans.

Les 'binnes' du samedi soir, c'était dans la plupart des maisons de Saint-Honoré. Et puis j'ai omis de parler du steak haché d'été. Super frais ou bien il aurait vite pourri. Un peu plus et on aurait mangé la vache en vie. C'est que le boucher abattait, découpait les carcasses, mettait les morceaux dans sa fourgonnette sur de la glace d'hiver conservée dans le bran de scie et faisait rapidement le porte à porte. Personne ne mourait de la maladie du hamburger en ce temps-là et personne n'avait de frigidaire. Ah, le progrès!

Pas un Saint-Honoréen je crois, ne devait connaître la définition d'impôt sur le revenu. La taxe de vente était à deux pour cent et les produits alimentaires en étaient exemptés ainsi que ceux du troc. Le troc omniprésent. Mon père, un forgeron, ferrait les chevaux d'Elzéar Beaudoin pour trois livres de beurre et deux douzaines d'oeufs. Et la venimeuse de Jeannette Quirion en profitait pour nous refiler des vieux oeufs à drôle de contenu... On ne les mangeait pas toujours.

Bon, je fais un peu de littérature amusante pour finir par dire que la pauvreté de maintenant eût été la grande richesse autrefois. Pour dire aussi que la plupart des gens avaient un niveau de vie assez voisin. De rares Marie Sirois à vivre dans la misère noire. De rares notables à se payer un peu de luxe. D'encore plus rares gens d'affaires comme le beurrier pansu et sa maison cossue. Et les Blais qui tiraient bien leur épingle du jeu à même leurs boîtes à beurre.

C'était comme ça un peu partout au Québec. Un vieux riche par ci par là, mais rarement. Un peu plus de misère dans certains quartiers ouvriers des villes.

Bien sûr que la pauvreté d'hier n'était pas la même que celle d'aujourd'hui. À chaque époque sa pauvreté; à chaque pays sa pauvreté. Mais au moins il n'y avait pas en ce temps-là comme aujourd'hui une machine à pauvreté déguisée en machine à charité publique. Le secours direct, certes, mais pas la crucifixion du pauvre dans la pauvreté par l'État lui-même. Comme on le verra plus loin et comme chacun en lui-même le sait, confusément ou clairement.

Je laisse à mes aînés encore vivants le 'plaisir' de rappeler à leurs descendants les années de la crise économique, pas mal plus 'balonés' que mes jeunes printemps, celles-là.

La pauvreté ailleurs

Dans sa correspondance via Vision Mondiale, une petite Malienne me racontait sa chasse quotidienne aux criquets, son aliment préféré, sucré, protéiné. Puis on m'a annoncé sa mort sans m'en dire la cause. Suite d'une mutilation génitale peut-être? Ou du sida? Je ne la savais pas malade et puis bang: disparue.

Les populations du Tiers-Monde vivent dans l'indigence, qui l'ignore! Leurs meneurs et certains affairistes des villes y vivent dans l'abondance. Les compagnies étrangères –donc nous– exploitent leurs richesses pour notre plus grand profit. Et nous qui polluons la planète et la dilapidons par nos folies matérialistes, voudrions bien que ces miséreux-là ne commencent pas à le faire à leur tour pour que nous puissions le faire toujours. C'est vrai, ça, il y a bien assez de nous, pauvre de nous, qui sommes condamnés à la consommation abusive, excessive, des richesses planétaires sans que tous ces va-nu-pieds ne s'y mettent eux aussi. Et toutes ces missions commerciales pour empiffrer de nos excès les Chinois et autres mange-merde... pourvu qu'ils puissent payer; et c'est ainsi que nous préférons moissonner en Asie plutôt que de "missionner" en Afrique: bravo, chapeau! L'avenir de la planète, on connaît ça, nous autres. Et ça passe invariablement par ce qui nous rapporte maintenant. En $$$. US $$$.

Tout ceci pour dire que le pauvre d'ici vit comme un roi si on le compare au pauvre d'Haïti, du Mali ou de Somalie. À chaque pays sa pauvreté! Une banane ne coûte pas en Haïti ce qu'elle coûte ici. Le voisin du pauvre d'ici vit cependant comme un Haïtien plutôt riche. Et le pauvre de là-bas, s'il porte une marque au front, ne s'en formalise pas trop puisque tous ses voisins la portent aussi.

Il y a toutefois une similitude, un point de comparaison équitable entre le pauvre du Tiers-Monde et celui d'ici: tous deux sont condamnés non seulement à la pauvreté par leur naissance, leur héritage génétique, culturel ou autre, mais ils le sont également par l'État.

Sinistrés du système là-bas comme ici, les pauvres.

La pauvreté ici et maintenant

Un exemple. Une femme seule sur le BS reçoit 525 $ par mois. Travaillons ensemble sur son budget.

Poste	*Montant alloué*
Logement 1 1/2:	225 $
Électricité:	60 $.
Téléphone:	35 $.
Nourriture:	200 $ (soit 2,22 $ / repas)
Assurances:	25 $ (histoire de se faire enterrer)
Vêtements:	20 $
TOTAL	**565 $**

Comme on peut le voir, il y a un trou de 40 $ dans le budget de la madame. On va y revenir plus loin et vous faire participer à un petit exercice de gestion. Facile ce sera puisque vous avez bien géré votre vie et vos finances, vous; pas comme un 'christ' de BS...

Étudions chaque poste maintenant.

Logement. Essayez-y de trouver des 1 1/2 à ce prix-là. Cela pourra vouloir dire odeurs, bruits excessifs, exiguïté des lieux, peut-être bibittes à poils ou coquerelles, piètre isolation (froid hivernal), mauvaise aération (chaleur estivale). Songez-y un court moment dans vos bungalows et vos condos. Mais surtout, ne vous apitoyez pas maintenant car votre coeur de Noël ne pourrait plus s'épancher à votre goût.

Électricité. Je blaguais. Le minimum dépasse les 60 $ de nos jours. Mais faut pas montrer trop d'indulgence; qu'elle se débrouille pour ne pas abuser de l'eau chaude! Une douche par semaine quand on vit sur le bras de ses semblables, ça devrait suffire, non?

Téléphone. Je connais un BS qui s'en passe. Après tout, nos grands-parents s'en passaient itou. Pis les Haïtiens, hein! Mais mettons que notre BS étudiée –que je vais appeler Claire tiens– a le front de se dire que sans le téléphone, elle pourrait souffrir d'isolement social et sombrer dans la neurasthénie... Nahhhhhhh...

Vêtements. C'est beaucoup pour une femme, 20 $ par mois. Je dis ça comme ça, mais je ne connais pas les vêtements féminins. Enfin, pas trop trop... Un jeans tiens: mettons le gros prix, là: 2,50 $. Énervons-nous pas, elle va pas s'en acheter un tous les mois. Un jacket: ça, c'est plus cher qu'un jeans tout de même. Disons 5 $. Trois t-shirts à 1 $ = 3 $. Sous-vêtements: un soutien-gorge neuf à 2 $. Peut-être avec un seul bonnet et ne le payer qu'1$. Chaussures, là: souliers à 3$ pour les deux. Où en suis-je? 15,50 $. Et puis des bas, des bas-culottes, gants, foulard, bottes... une petite robe du soir avec ça et un déshabillé peut-être aussi; tout ça pour 4 $. Imaginez: il lui reste encore 0,50¢. En vérité, je vous le dis, on pourrait faire une belle émission (joyeuse et stimulante) de Claire Lamarche avec ça.

Nourriture. 2,22 $ par repas. Là, je m'y connais mieux. Une base de repas, la protéine de viande ou de fromage, ne peut pas s'acheter à moins de 1,50 $. De ce temps-ci, je bourre mon congélateur de dindons à $1,09/livre et une fois désossée et répartie en des quantités minimales pour un repas décent, la dinde me coûte 1,55 ¢ par repas. Opéré du coeur, je ne peux manger du boeuf haché à part l'extra-maigre et encore. Mais alors je ne ferais guère mieux que le coût de la dinde à rabais. Il est vrai qu'ici, on analyse le cas de Claire qui n'est peut-être pas, elle, une cardiaque.

Là où j'arrive beaucoup mieux, c'est à mon déjeuner. Incapable de rester à l'intérieur le matin, je me rends au McDo où j'écris bon an mal an mes trois premières pages de la journée. Le McDo n'est donc pas une dépense mais un bon investissement. Il me fait marcher. Et deux rôties et un café ne me coûtent que 1,78 $. Et puis, c'est un secret que vous ne révélerez à personne, j'apporte, cachée dans ma poche profonde... une banane à 35¢. Total: 2,13 $. Ah ha! Je viens de sauver 0,09¢ avec lesquels, au repas du midi, je pourrai ajouter 1/4 de banane à ma ration de protéines.

Pour ce qui est de l'alimentation santé: elle est interdite à tout BS. Jean-Marc Brunet, va donc te cacher avec tes conseils à propos de fruits, de légumes et de suppléments tous azimuts !

D'après moi, ce qu'on économise à tenir le BS dans l'extrême pauvreté, on le paye (ou on le paiera) dix fois en soins de santé par la suite. À moins tiens qu'on ne les laisse mourir, tous ces nuls qu'il faut nourrir, soigner, médicamenter, loger. Plus j'y pense, plus ce serait une solution. Ouais. Peut-être leur appliquer la solution hitlérienne: les regrouper dans un ghetto et les y laisser crever à petit feu. Pas bête, ça.

Voici ce qu'en dit Viviane Forrester dans *L'horreur économique*. "*... l'ensemble des êtres humains est de moins en moins nécessaire au petit nombre qui façonne l'économie et détient le pouvoir. Nous découvrons qu'au-delà de l'exploitation des hommes, il y avait pire, et que, devant le fait de n'être plus même exploitable, la foule des hommes tenus pour superflus peut trembler, et chaque homme dans cette foule. De l'exploitation à l'exclusion, de l'exclusion à l'élimination... ?*"

Revenons à l'analyse du budget de Claire, notre BS qui vit seule et qui reçoit à même nos taxes et nos impôts à nous, à nous, la somme mensuelle de 525 $ dont on a déjà dépensé 565 $, oui, mais en l'habillant pour quasiment un an et en lui permettant le luxe de 1/4 de banane de plus en protéines du midi.

Les autres postes. Tous à zéro puisque nous sommes déjà dans le trou.

Poste	*Montant alloué*
Sorties:	0
Auto:	0
Voyages:	0
Câble (télé):	0

Médicaments: 0

Livres: 0

Culture: 0

Cosmétiques: 0

Bijoux: 0

Entretien meubles: 0

Cheveux: 0

Sports: 0

Restaurant: 0

Journaux, revues: 0

Loteries: 0

Minou, pitou: 0

Recevoir: 0

Cadeaux: 0

Photos: 0

Charité: 0

Musique (DC, cassettes):   0

Ordinateur, fax: 0

Internet: 0

Cellulaire: 0

Afficheur: 0

Cinéma, théâtre: 0

Vidéocassettes: 0

Timbres, envoi colis: 0

Bicyclette: 0

À vous d'en rajouter: de toute façon, ce sera toujours **0**.

Une personne comme Claire (ou moi) pourrait toujours

se mettre à la marche, aux bananes et au beurre de peanuts. Peut-être qu'elle pourrait boucler ses fins de mois ainsi. Pourquoi pas au riz et à l'eau? Les Chinois s'en contentent.

Vous qui avez si peu réfléchi à ces choses durant votre vie, et vous êtes fié si souvent au préjugé véhiculé, et qui avez stigmatisé cent fois plutôt qu'une ce 'bourré de défauts' qui vit à vos dépens, je ne peux tout de même pas vous laisser passer au chapitre suivant sans vous demander de faire travailler un peu vos petites méninges, hein? Alors dites-moi où appliqueriez-vous les 40 $ qui manquent dans le budget de Claire. Le trou de Claire, quoi faire avec, dites.

Couper le *téléphone*? Et l'isolement social qui détruit la santé? Et puis comment les fonctionnaires du BS feront-ils, les pauvres, pour rejoindre la bénéficiaire et la forcer de prendre un emploi ridicule, précaire et temporaire, qui leur permettra de couper son chèque? Et qui dit coupure de **son** chèque dit coupure de **vos** taxes. Bon, là...

O.K! Alors disons... heu... l'*électricité*, on peut pas. Le *vêtement*, ouais... Le *logement*, voilà. Doit y avoir moyen de trouver des 0 et 1/2. J'peux pas croire que dans les villes, ça ne se trouve pas. Pis dans les villages, y a toujours un camp quelque part, sais pas, un sous-sol humide et miteux où on peut même pas garder de la marchandise de peur qu'elle ne s'abîme trop vite. Quand on veut on peut, non?

Et si on en parlait, des repas à 2,22$. Deux tranches de pain, une couche de beurre d'arachides, une banane: ça se peut pour 0,80¢, ça. Deux fois et Claire est bourrée comme une oie grasse. 1,60$ de 2,22$, ça nous fait une économie de 0,62¢ par repas. On multiplie par 90 et ça donne 55$. Le trou de Claire de 40$ est devenu un surplus de 15$. Pourvu qu'elle se nourrisse au beurre de peanuts et aux bananes trois fois par jour à l'année. Mais les Chinois, eux, et leur riz...

Je ne suis pas le premier à effectuer ces brillants calculs; un trou-du-cul de ministre du cabinet Harris en Ontario l'a fait avant moi. Vous vous souvenez. Si un ministre le dit, ça doit être vrai. À plus forte raison s'il s'agit de nos taxes.

Soyons sérieux. Quel commentaire peuvent faire à l'examen de ces chiffres notre *petit-coq-d'Inde-pas-de-tête* des ondes montréalaises et notre *gros-cochon-d'Inde-pas-de-coeur* des ondes québécoises sinon cracher comme ils le font depuis nombre d'années du mépris, du préjugé, des injures à la face des démunis pour ajouter quelques points à leur capital BBM? Ces deux gars-là qui par ailleurs s'haïssent pour se tuer ne valent pas le sac à vidanges pour loger leurs restes pourris, corps et âme, après leur extinction finale, définitive. Car on ne peut imaginer que des individus de si basse race et de pareille cruauté puissent survivre dans l'au-delà.

Mais ça, c'est une autre histoire... Calmons-nous.

Quand je vous parlais en avant-propos des interdits faits aux Noirs américains, aux Juifs allemands des années 30, aux minorités ostracisées, avez-vous songé aux interdits que cette société atroce fait à ses enfants les plus faibles? Remplacez chaque zéro dans la liste des postes ci-haut mentionnée par le mot INTERDIT et vous obtiendrez la réponse.

Interdit de santé, le BS.

Interdit de plaisir, le BS.

Interdit de loisirs, le BS.

Interdit de sentiments, le BS.

Interdit de sécurité, le BS.

Interdit de culture, le BS.

Interdit d'amitié, le BS.

Interdit de thérapie animale, le BS.

Interdit des lieux publics où il faut payer, le BS.

Interdit de voyage, le BS.

Interdit d'espace minimal, le BS.

Interdit de recevoir la parenté, le BS.

Interdit de communication, le BS.

Interdit de se faire belle, la BS.

Interdit de se vêtir convenablement, la BS.

Interdit de crédit bancaire, le BS.

Interdit de s'en sortir, le BS.

Interdit de rêve, le BS.

C'est tout juste si cette société amorale lui permet d'exister, cette sale Claire la BS, plus sale qu'un Nègre d'hier, qu'un Juif d'avant-hier.

Conclusion

Quand tout le monde ou presque est "pauvre égal" comme naguère ou comme ailleurs, au moins la pauvreté n'a-t-elle pas comme effet pervers l'isolement social. Au contraire, la pauvreté du plus grand nombre devient source de vraie solidarité sociale, laquelle induit l'entraide généreuse, les corvées, les échanges de bras, de biens, le recyclage intra et extra familial, les confections maison, la convivialité et tout le reste qui, avant le progrès et l'abondance, constituaient nos belles valeurs. Valeurs aujourd'hui perdues.

C'est l'inégalité sociale qui rend la pauvreté exécrable et si nocive. C'est elle qui éloigne les humains les uns des autres, même à l'intérieur des castes à privilèges. Et c'est la condamnation d'une minorité à la pauvreté par une société, un État qui bricolent, qui machinent des programmes aussi désastreux que celui du BS sans compter tous les autres de subventions (ou BS glorieux), c'est cette condamnation qui détruit psychologiquement et physiquement un grand nombre d'individus comme moi qui se sont fait happer par la mécanique infernale.

Avec d'un côté, comme on l'a souligné, la bassesse humaine porteuse du fer rouge du préjugé BS et de l'autre la faiblesse humaine marquée par le même fer incandescent. Ceux de la bassesse me rappellent toujours les Nazis des années 30 et ceux de la faiblesse les Juifs allemands de ce temps-là. (Je ne parle pas des années de guerre, des chambres à gaz et tout; on me taxerait d'exagération.)

Nous allons payer pour ça. Comme pour nos autres abus. Et le temps n'est pas si loin... Ce sont d'ailleurs nos excès de consommation qui nous font tant haïr les pauvres. En avoir plus pour soi-même, on pourrait s'en offrir plus à soi. Me, myself and I...

"Le pauvre est un étranger dans son pays."
Dicton arabe

***

2

Rêve de richesse ou Claire au pays des merveilles

Claire, la BS, vit seule et reçoit 525$ d'argent public pour exister. On a examiné son budget au chapitre précédent. On a vu ses folies, ses surplus et tout le superflu qu'elle peut se payer avec son trou mensuel de $40.

Un soir de froidure, Claire s'endort et son rêve l'entraîne au pays des merveilles. Elle envoie un CV et malgré ses 50 ans, obtient un emploi (de fonctionnaire) qui lui laisse annuellement 15,000$ sur son chèque de paye. Donc 2.5 fois son revenu BS. Et qui signifie 1,250$ par mois à dépenser.

Alors elle refait son budget. Non, elle ne va pas multiplier les chiffres des postes par 2,5 évidemment. De toute façon, multiplier les zéros par ce qu'on voudra, cela donne toujours zéro. Du moins mathématiquement. Et puis ce n'est pas parce qu'on est tout juste au seuil de la pauvreté qu'on doive donner de la tête dans les folles dépenses.

Et pourtant, ce seuil de la pauvreté, qui serait pour la plupart des gens des classes moyennes en montant, la misère noire, devient pour elle quasiment l'abondance. Voyons un peu les chiffres magiques alignés par l'ex-BS dans son rêve merveilleux. (*Les raisons pour lesquelles elle est pauvre*

n'ont rien à voir avec l'état de sa situation. Les raisons im-
médiates et apparentes de tomber pauvre sont multiples. La
pauvreté prend toutes ses racines dans le système, les pouvoirs, les administrations, les lois et programmes de l'État.
On le sait et on en parlera dans les chapitres subséquents...).
Comparons donc les deux budgets de Claire...

Budget magique de Claire, la BS endormie

Poste	Montant BS	Montant magique
Nourriture:	200. ($2,22 /repas)	350. ($3,88/repas)
Vêtement:	20.	40.
Logement:	225. (1 et 1/2)	300. (2 et 1/2)
Électricité:	60.	70.
Téléphone:	35.	45.
Assurances:	25.	35.
Sorties:	0	40.
Auto:	0	125.
Voyages:	0	25.
Câble (télé):	0	25.
Médicaments:	0	20.
Livres:	0	10.
Culture:	0	10.
Cosmétiques:	0	20.
Bijoux:	0	10.
Entretien meubles:	0	15.
Cheveux:	0	10.
Sports:	0	10.
Restaurant:	0	20.

Journaux, revues:	0	20.
Loteries:	0	10.
Minou, pitou:	0	30.
Recevoir:	0	20.
Photos:	0	5.
Cadeaux:	0	10.
Charité:	0	5.
Musique (DC, cassettes):	0	10.
Ordinateur:	0	10.
Internet:	0	10.
Cellulaire:	0	0
Afficheur:	0	10.
Cinéma, théâtre:	0	10.
Vidéocassettes:	0	5.
Timbres, envoi colis:	0	5.
Bicyclette:	0	0
TOTAL	**565.**	**1340.**

Budget de la Claire éveillée: un trou de 40$.

Celui de Claire au pays des merveilles: un trou de 90$

(Un économiste dirait que son 2e sort est pire.)

Décidément, cette femme ne sait pas gérer ses finances, qu'elle dorme ou non. Il lui faudrait un comptable pour la conseiller ou quelqu'un qui gagne 35,000$ + par année. Eux lui montreraient comment on peut travailler avec des chiffres. Par exemple, un budget d'État, ça finit toujours par arriver parce que les gestionnaires de l'État "savent" travailler avec les chiffres, eux. Les déficits ne constituent pour eux qu'un manque à combler les années subséquentes tandis que les trous de Claire sont des gouffres impossibles à remplir. Qu'elle prenne donc des leçons, cette irresponsable!

Tiens, profitez-en pour lui en servir une mentalement, une bonne leçon. Travaillez-le, son budget, comme il se doit. Mettez de l'ordre dans ses affaires. Coupez le superflu. Sais pas... moi non plus, je ne suis pas très bon gestionnaire comme vous avez pu le constater dans le chapitre précédent. Des 'christ' de photos, là, à quoi ça sert? Pas besoin de ça pour vivre. $5. sauvés déjà. Et puis l'afficheur: 10$. Et les vidéocassettes: $5. L'ordinateur et Internet: 20$. Recevoir la parenté, c'est-il si nécessaire que ça? Après tout, la Claire qui dort est pas une femme d'affaires, elle. Pas besoin de contacts, elle. Dehors, les chiens pas de médaille qui débarquent chez vous et bouffent vos bananes et votre beurre de peanuts: 20$ en moins. TOTAL épargné déjà: 60$. Grattons encore puisqu'il le faut. La loto, tabarnouche, à quoi ça sert, ça itou d'abord qu'on gagne jamais? L'espérance, le rêve de gagner, c'est pas ça qui met du beurre sur son pain. $5. de moins. Musique: 10$. A-t-on idée quand on est au seuil de la pauvreté de s'acheter de la musique quand elle abonde à la radio et à tévi? Des livres asteur: non, mais elle est folle avec ses p... de livres. Moins $10. Manque pus rien que $5. là, pour balancer le budget. Où c'est qu'on le prend? Le choix est vaste à ce moment-ci. Charité bien ordonnée commence par soi-même... La charité, c'est pas un luxe de pauvre, ça, c'est un luxe de gens à l'aise. Comprends donc ça, l'endormie! Et réveille...

Réveil brutal

Envoye, réveille-toi? Arrive sur terre, la BS! Bien-Être, ça veut dire Être Bien, le sais-tu au moins? Un montant de

$525. non gagné, reçu gratis, ne vaut-il pas 3 fois un de $1250. arraché à la sueur de tes fesses de fonctionnaire endormie?

Claire émerge de son coma. Elle revient du pays des merveilles, rouvre les yeux. Fait froid dans son 1 et 1/2. Mais elle ignore le thermostat pour ne pas alourdir son compte de l'Hydro. Elle a faim; la chanceuse a encore des bananes de sa dernière épicerie. Elle est seule, mais à cette heure, ses rares connaissances, autres BS, dorment aussi. Bien d'Être.

Back to the future et richesse manquée

Il m'arrive aussi de rêver, moi, le BS mal foutu même si les BS sont interdits de rêver par définition. (Peut-être devrait-on punir sévèrement ces gens-là d'acheter des billets de loterie, leur seul et infiniment mince filet d'espérance...) Et parfois, je retourne vingt-cinq ans en arrière. Je suis enseignant. Même si je ne me sens pas dans ma voie, je persévère. Dans vingt-deux ans, je serai à ma retraite, puisque j'ai déjà quatorze ans de métier à mon actif. Et je persévère.

Et voilà qu'en 1997, je 'dételle' comme dirait mon père. Maison payée. REÉRs. Pension qui me laisse vingt-quatre mille dollars par année. Et je 'travaille' sur mon budget mensuel. *Écoutez, là, $2,000. par mois, c'est loin d'être le Pérou.* Voyons un peu ça. Disons que, vieux chnoque, je vis seul comme une pomme suspendue au plafond.

Budget mensuel d'André, prof à sa retraite

Poste	Montant
Nourriture:	400. ($4,44 /repas) (pas mal de f.&l.)
Vêtement:	100.

Taxes(maison):   250.

Électricité: 100.

Téléphone: 75.

Assurances: 75.

Sorties: 150.

Auto: 300.

Voyages: 200.

Câble (télé):   25.

Médicaments: 40.

Livres: 40.

Culture: 40.

Cosmétiques: 00

Bijoux: 00

Entret. meubles: 20.

Cheveux: 20.

Sports: 00

Restaurant: 60.

Journaux, revues: 20.

Loteries: 30.

Minou, pitou: 00

Recevoir: 20.

Photos: 5.

Cadeaux: 10.

Charité: 00

Musique: 20.

Ordinateur: 20.

Internet: 10.

Cellulaire:	20.
Afficheur:	10.
Cinéma, théâtre:	20.
Vidéocassettes:	10.
Timbres, poste:	5.
Bicyclette:	00
TOTAL	**2095.**

Un maudit trou de 95$ par mois. Et j'ai travaillé toute ma vie, 36 ans de temps, pour en arriver à ça ?!?!?! On peut comprendre pourquoi je n'ai rien budgété au poste *charité*. Pas même capable de me garder un chat, moi, le vieux grincheux tout seul et qui, tout comme un prisonnier solitaire, souffre d'isolement social. Bon, je voyage un peu, pis après?

Va falloir que j'me résigne à couper. Pas le choix. Regardons ça de près. Les intouchables: nourriture, taxes, électricité, téléphone, assurances, auto –hey, j'ai un 'char' ben ordinaire– vêtements, –quoi, j'exagère peut-être?– médicaments... Les autres postes... Culture: essentiel pour l'esprit. Sorties: incontournables pour l'équilibre psychologique. Restaurant: un repas par semaine, c'est toujours pas exagéré. Des livres, ça coûte cher, c'est vrai. Mais... Non, franchement, j'vois pas où c'est que j'pourrais couper dans le gras: voyez-vous, y a pas de gras. C'est les revenus qui manquent. Ça sert à rien de chercher autre part... Si c'était pas du maudit impôt itou. Le gouvernement nous en prend le tiers pour faire vivre du monde à rien faire. Maudits gouvernements: vont-ils finir par se réveiller?

Réveil brutal

Non, je n'ai pas poursuivi ma carrière en enseignement. Peur du travail peut-être?! Deux cents jours par année, c'est pas rien, ça. Du neuf à onze et du deux à quatre: ouf! Des limites...

J'ai pris ma voie, celle de l'écriture. 365 jours par an. Sept heures du mat à sept heures du soir. Mais tout de même: une demi-heure pour manger midi et soir. C'est pas si pire. Dans l'enseignement, j'aurais formé des têtes. C'est capital, former des têtes. Écrire 43 livres, bon... L'humanité s'en passerait. Il reste au moins dix fautes (coquilles) par bouquin. Bof! les livres seront peut-être là dans dix ans, vingt, cinquante et après?...

Pour rattraper le André qui dort et rêve de n'avoir pas quitté l'enseignement, il faudrait au André réveillé un gain supérieur à un million de dollars dans la prochaine année. Et même là, il en sortirait perdant.

Calculons. Un million serait imposé à plus de 50%. Resteraient 500,000$. Le mieux qu'on peut en tirer est du 7%. (On ne part pas un commerce à 60 ans.) Donc 35,000$. Ce qui équivaut à la pension du André retraité de l'enseignement, s'il existait. Sauf que le retraité a, lui, sa maison payée et des épargnes et autres valeurs.

Surplus et superflu

Ils sont de tous ordres et partout grandissants. Je ne veux que les souligner même si tous les connaissent. Et en vrac. Sans égard au mérite... Je sais, je sais... on l'a gagné... (Mais on oublie aisément que les lois et la gestion de l'État favorisent les uns et massacrent les autres.)

Le voyage-séjour annuel en Floride des uns équivaut au

revenu total annuel de Claire la BS.

Dépenses faramineuses en jeux de hasard: loto, casino, vidéo-poker.

Tous ces systèmes de cinéma-maison. Résidences secondaires. Voitures secondaires non nécessaires. Spa. Meubles que l'on échange par caprice. Dépenses pour les sports coûteux. Bref: **luxe** alimentaire, culturel, récréationnel, vestimentaire.

Liste interminable.

Personne ne veut admettre qu'il dispose de surplus ou se paye du superflu. On croit que parce que son budget est balancé et que les dépenses égalent les recettes, l'affaire est dans le sac. Blanc comme neige. Pas dépensier. On ne s'endette pas. Ou si on s'endette, on rééquilibre en ajoutant le poste paiements sans trop penser que ces sommes constituent des dépenses de consommation.

Pas de surplus, pas de superflu. On n'arrive pas. On entre 80,000$ à deux, mais *la vie coûte si cher de nos jours*.

Peut-être devrions-nous tous comparer tous les postes de son budget à celui de Claire la BS. Non? Je sais, ça fait mal aux yeux, la vérité. Et comme soulagement, on se les frotte avec l'huile du préjugé.

Et puis les sempiternels gaspillages étatiques.

Le BS lui-même par exemple est une mécanique extrêmement coûteuse que l'on pourrait remplacer par un système beaucoup moins coûteux et d'une grande efficacité. Comment l'affirmer puisqu'il n'existe pas encore, ce système? Parce que la logique le démontre et que la logique comptable forcément suivra. On en reparle plus loin.

Ce qui est relatif et ce qui est clair

La pauvreté de Claire la rêveuse est richesse pour Claire, la BS. La pauvreté de l'enseignant retraité est richesse pour un auteur déculotté par l'État mafieux.

Tout est relatif. Une chose est indubitable: il y a dans ce pays bien assez de richesse pour que tous et chacun vivent dans la décence, la dignité et la liberté, lesquelles sont la vraie richesse. Quand cela sera, personne ne remarquera les différences entre les plus et les moins nantis.

Le système est le responsable de l'installation graduelle d'un Tiers-Monde canadien. Occulté mais cruellement réel.

L'État qui met à la proue de son navire la logique comptable et qui bafoue les principes élémentaires de la justice et de la démocratie, cet État-là finira par heurter un iceberg.

Le baume du préjugé

Bière. Chips. Bar. Loteries. Vidéopoker. Casino. Des gaspilleux, les BS. Il y a de ces cas, peut-être même nombreux. Mais qui tombe dans le fleuve s'accroche au serpent. Quand on songe à ce que vit un pauvre et dont je ferai description dans ce livre, on a envie de comprendre... Pas tous veulent essayer de comprendre, pas tous...

En accusant les pauvres d'excès, on parvient mieux à cacher les siens. La passoire dit à l'aiguille qu'elle a un trou.

Moins pour les misérables, plus pour soi-même.

Plutôt la destruction du monde qu'une écorchure à mon doigt. **Hume**

***

48

3

La grande arnaque nationale: ses défenseurs

Allons voir dans les bas de laine d'une majorité des gens d'affaires de ce pays et on y trouvera beaucoup beaucoup d'argent en provenance de subventions.

Un économiste ayant lu le texte qui suit sur mon site web m'écrivait pour me signaler que je ne connais pas l'économie. Je crois que c'est bien tant mieux car posséder une méconnaissance de la méconnaissance et de la confusion, constitue une clarté d'esprit dont je me flatte.

J'ai bientôt 60 ans. Et je possède une excellente mémoire. L'État qui m'a tout ôté n'a pas pu m'enlever ça encore, mais... Ne suis pas de ceux qui oublient le jour suivant ce que le politicien véreux a promis la veille ou ce que l'économiste savant a analysé ou prévu l'avant-veille.

Exception faite des météorologues, ceux de nos experts qui se trompent le plus sont de fait les économistes. Généreux, je leur donne 40% en analyse et 25% en prévisions. La plus grande compétence des économistes est leur incompétence. Ce sont ces gens qui tentent de redresser la Russie: quel chiard! L'économie est une chose qui s'installe d'elle-même quand elle n'est pas mise sous la tutelle de ces gens par les politiques. Il suffit que des économistes donnent le ton pour que l'économie tombe malade. Et l'humanité continue de prêter oreille à leurs erreurs patentées et répétées. Eux-mêmes profiteurs de la grande arnaque nationale, pas un ne l'a dénoncée ni ne la dénoncera jamais. Ils constituent un engrenage bien huilé du système et la balance de leurs opinions penche toujours du côté de leurs intérêts. Le bien public présent et futur, ils n'en ont rien à cirer. En fait, comme les gens des pouvoirs établis (économique, politique, médiatique), ils font toujours ressortir que leur intérêt –regarde donc ça!– correspond exactement à l'intérêt de la collectivité.

La grande arnaque nationale: une tragi-comédie

Subventions = BS glorieux.

BS= subventions honteuses.

Dans les deux cas, ce ne sont pourtant que des deniers publics. Une seule différence: le préjugé. Favorable aux unes; défavorable aux autres.

BS= subvention de survie.

Subventions = BS de surplus.

BS = minimum vital.

Subventions = BS médaillé.

Finalité (économique) des subventions: création d'emplois. Finalité (économique) du BS: consommation de biens et services.

Finalité (économique) du travail: consommation de biens et services.

Dans les deux cas, la consommation de biens et services fait virer l'économie.

Le mépris est souvent à la bouche de ceux qui parlent de

BS. La félicitation le plus souvent est à celle de ceux qui parlent de subventions.

Deux préjugés. Deux murailles insurmontables dans l'espace mental d'une société chavirée.

Mon propos dans ce chapitre n'est pas le vrai BS, mais le BS glorieux, soit les subventions au secteur privé. Car je n'ai rien contre les hôpitaux, les bibliothèques, les écoles et tout ce qui constitue les services collectifs. (Attention, je ne suis pas du tout un homme de gauche et puis c'est la pensée de gauche en culture qui a détruit ma carrière...)

Je fais profession depuis toujours de rejeter de toutes mes forces l'égalitarisme que je crois, que je sais improductif. Le vendeur de 200 hot-dogs par jour mérite mieux que celui qui n'en vend que 2 parce que lui les fabrique pourris. Ou même parce qu'il manque de chance.

Pourtant, les subventions aux entreprises relèvent du pire égalitarisme improductif qui soit. *L'autre en a, moi j'en veux.* Faut en donner à l'autre comme à celui-ci... Surenchère coûteuse et stérile. Combien d'$ des entreprises prospères voire millionnaires ont-elles eu simplement parce que le programme leur permettait d'en avoir?

Au fédéral, disons, si ç'avaient été des prêts au lieu de subventions (don gratuit) depuis 1975, le Canada n'aurait aucune dette nationale. Voyons ça.

$16 milliards (moyenne annuelle de subventions) X 25 ans = $ 400 milliards

400 milliards + les intérêts sauvés sur la dette + les intérêts sur ces prêts + argent sauvé par un guichet unique plutôt que de gérer 200 programmes.

On a le compte de la dette nationale: $ 600 milliards.

La voilà, l'**arnaque du siècle**. Un bijou du genre. On subventionne à tour de bras depuis des décennies des entreprises qui pour une bonne moitié et plus n'en ont même pas besoin. En utilisant comme prétexte justificatif l'**aide** aux moins nantis et les fameuses et sempiternelles **retombées**. Et on refile la facture aux générations suivantes. Et au social. Et à la santé future. Et à l'éducation future... Et ce n'est pas un homme de gauche qui vous le dit...

Sans tout ce gaspillage, le pays ne serait pas moins développé, au contraire. Les entrepreneurs auraient travaillé plus fort pour payer leurs dettes. Toutes proportions gardées, $ 600 milliards plus loin, il y a bien **moins** d'emplois disponibles en 2001 qu'en 1975... Mais beaucoup, beaucoup plus de greniers bien remplis... et d'argent qui dort. Ça, une société plus juste? D'aucuns doivent se retourner dans leur tombe.

Des **prêts au lieu de subventions** et tous ceux qui n'en avaient pas vraiment besoin se seraient abstenus d'en demander. Et pas de dette nationale aujourd'hui. Et $600 milliards de **recevables**. Mais il se trouvera toujours des petits cons de politiciens pour clamer sans raison: *ben non, pas d'État-banquier, voyons donc!*

Et voilà que de nos jours, pour balancer leurs budgets, nos ministres des taxes (canadien et québécois) s'en vont à l'hôpital bousculer les vieilles dames grabataires en disant:

«Tasse-toé, mémé, on a besoin d'argent.»

«Pour quoi c'est faire?» de dire la femme à l'agonie.

«Pour des subventions...»

«C'est quoi, ça?»

«Ça... ça vous regarde pas... On vous fait vivre, dites rien...»

Et ces messieurs de fouiller jusque sous les escarres de la malade.

«On va vous le dire, c'est quoi, les subventions... C'est de l'argent pour faire de l'argent... Vous comprenez-tu, là?»

«C'est-il si nécessaire?»

«J'vous pense! Pas de subventions, moins d'emplois; moins d'emplois, moins d'argent.»

Et le ministre des taxes de crier au visage de la dame pour le lui bien faire entrer dans le crâne:

«Les subventions, c'est essentiel pour la survie de nos fiers compétiteurs du monde de la business. Tu comprenez-vous? Avec des subventions, ça les stimule, ça les fait prendre des risques, ça les fait bouger...»

«Des risques? Ah...»

«Ma bonne dame, risquer l'argent de la banque, c'est grave, ça!»

«Dans mon temps, heu...»

«Dans votre temps, tout stagnait...»

«Moé, j'saigne...»

«J'ai dit 'stagnait, pas saignait'... Aujourd'hui, tout va vite, tout pète de santé dans la vie économique, tout bouge... Tassez-vous, là...»

Et la vieille dame de tomber en bas de son lit. Et le ministre des taxes de s'agenouiller pour lui murmurer un secret sous le sommier enchevêtré:

«C'est les retombées des subventions qui font vivre le pays. Sans ça, on pourrait même pas vous soigner...»

«Ah, je comprends, là... De même, c'est ben nécessaire...»

«On va prendre votre lit, mémé, mais ça sera pas pour longtemps...»

«Ah, prenez-le le temps qu'il faudra... Pis marci ben, là, vous... Je trouvais que vous aviez l'air d'un bon monsieur à tévi itou...»

«On fait ce qu'il faut, madame, on fait ce qu'il faut pour le bien de notre pays... La patrie d'abord! Le bien public... Bien public, bien public...»

Est-ce le BS (honteux) du démuni, le problème, ou bien le BS glorieux ennobli par le travail et surtout par la poignée de dollars que le chevalier d'entreprise engrange au passage? Non, mais sérieusement là!!

Pourquoi personne dans les médias ne s'élève-t-il jamais contre cet état de fait? Parfois mais rarement, fera-t-on un cas d'une subvention improductive ou imméritée, mais le scandale n'allume personne vraiment.

C'est que ceux qui pourraient critiquer le système se sont tous fait acheter par lui. En réalité, ils sont devenus des 'junkies'. Les subventions, c'est comme du «crack»: t'es accro du premier coup. Et si t'as le malheur d'en prendre une, t'es fait à l'os: on vient de te clouer le bec à vie. **Magie de l'argent-morphine dispensé par l'État-trafiquant**...

C'est pour quand un **répertoire annuel** nous présentant la liste complète des subventions accordées au secteur privé, le cumulatif et le nombre d'emplois créés de même que le cumulatif des dits emplois? On aimerait connaître tous ces médaillés de l'État et surtout leurs performances...

Je citerai Viviane Forrester qui écrit dans ***L'horreur économique***: *"Il a toujours été prévisible que «l'aide à l'entreprise» ne créerait pas d'emplois dans les proportions prophétisées. Il y a 15 ans, on avait peu de preuves. C'est devenu une évidence. On n'en persévère pas moins (à «aider»)"*

Les narco-subventions sont devenues une habitude dans nos moeurs. Un mode de vie pernicieux: autant ceux qui n'y ont pas droit que ceux qui les ont et tombent alors dans une forme de dépendance. Au même titre que les privilèges de classes des siècles antérieurs, nous voici en pleine période de privilèges excessifs accordés aux marchands. D'aucuns seulement. Incitation généralisée à un effort moindre.

Les pays développés les moins enclins à soutenir ce capitalisme d'État sont les plus progressifs, les plus créatifs.

Devoirs attachés aux subventions

Les entreprises qui reçoivent de "l'aide étatique" doivent-elles se donner pour devoir premier celui d'enrichir leurs propriétaires ou actionnaires ou plutôt celui de créer des emplois? Et les retombées garanties par le système doivent-elles être une manne qui remplit d'abord et avant tout les poches des entrepreneurs eux-mêmes ou ne devraient-elles pas d'abord et avant tout servir le bien public puisqu'elles furent générées grâce à l'utilisation des deniers publics?

Car une subvention n'est pas un prêt mais un 'don'.

Lorsque l'ensemble des entreprises d'un pays comme le nôtre qui subventionne autant, ne parvient pas à maintenir le taux de chômage en bas de 4 ou 5%, n'y a-t-il pas lieu d'envisager une révision générale de la politique à cet égard et des programmes d'aide?

Et comment comprendre que collectivement nantis comme nous le sommes par rapport à 1975, l'État soit en 2001 'contraint' à couper et couper dans les programmes qui profitent au plus grand nombre comme l'éducation, la santé et le social, sinon par l'explication donnée ci-haut, soit l'arnaque nationale? Et comment expliquer que, toutes proportions gardées, le nombre de sans-emploi soit plus grand qu'en 1975?

Que sera demain si nous nous entêtons à poursuivre dans cette voie inique et complètement idiote? Se trouvera-t-il quelque sage économiste pour s'empresser de me l'expliquer depuis sa tour d'ivoire et de dollars?

L'État gère tout aussi mal ce BS glorieux (aide sociale sophistiquée destinée aux actionnaires des entreprises) que le BS honteux (aide sociale aux démunis).

Pourquoi une société dite développée détruit-elle psychologiquement et physiquement une minorité sans voix de ses citoyens ayant les besoins et pas les moyens, tandis qu'elle subventionne à milliards entreprises et individus ayant les moyens et pas les besoins?

À vos patins et micros, les économistes! Et parlez-moi de retombées: c'est votre seul discours.

Les lois sont toujours utiles à ceux qui possèdent et nuisibles à ceux qui n'ont rien.   Rousseau

L'économie, c'est trop sérieux pour être confié aux économistes.   Moi-même

***

4

Les horreurs de la pauvreté

Au chapitre 2, on a travaillé sur le budget de Claire, la BS. Revenons-y simplement pour réfléchir un peu sur l'horreur psychologique engendrée par les postes de ses dépenses où aucune somme ne peut-être allouée, et tâcher de ressentir avec elle les affres de la pauvreté. Revoyons tous les 0 de son budget et examinons toute la souffrance qu'ils peuvent contenir.

Et surtout, faudrait éviter l'excuse de se dire qu'il n'en est pas de même pour les monoparentales avec enfants qui reçoivent davantage, bien entendu, que Claire la célibataire. Ou petits travailleurs pas BS mais au salaire minimum, ceux-là qui travaillent et restent pauvres, et ont hélas! tendance à s'en prendre aux démunis qui ne travaillent pas plutôt que de tourner leurs regards durcis vers les choyés du système.

Je suis un petit travailleur autonome au moment où j'écris ces lignes, n'ayant plus de BS depuis un certain temps et n'ayant jamais obtenu de **BS glorieux** (subventions) comme nos éditeurs millionnaires tels que Québec-Amérique, Stanké, Quebecor, Éditions de l'Homme, Libre-Expression et tous les autres moins connus mais tout autant 'choyés' de dix façons plutôt qu'une par nos 'sages' gouvernements.

Toutes les tortures endurées par Claire, je les connais pour les avoir connues ou bien je ne pourrais les décrire avec justesse; mais aussi pour les savoir chez tous ceux et celles que j'ai questionnés à ce propos toutes ces années.

Logement: **225**$

Que d'espace vital dans ce 1 1/2 de Claire!

Les prisonniers savent que leur pire châtiment est celui du manque d'espace. Les responsables des prisons le savent aussi qui depuis toujours aménagent un réduit dit le 'trou' pour y tenir en réclusion, souvent dans le noir, les récalcitrants afin de les dresser. Ce qui ne réussit pas toujours...

Je peux vivre sans trop de dommage dans un 1 1/2 si j'y habite de mon plein gré, sachant que je vais en sortir un jour ou l'autre, ou bien quittant tous les jours ce lieu pour vaquer à des occupations libératrices. Mais si c'est la pauvreté qui me visse là jour après jour avec bien peu d'espoir d'en sortir, à y tourner en rond comme une bête dans sa cage exiguë, alors la **pression** se fait sentir en pas trop de temps. Peu à peu, elle devient **compression** puis rejoignant le lot des frustrations qui elles, s'exacerbent les unes les autres, elle risque fort de virer en **dépression**. Un cor au pied dans une chaussure trop étroite prend parfois allure d'une tumeur au cerveau.

Le *petit-coq-d'Inde-pas-de-tête* des ondes montréalaises pousse la méchanceté jusqu'à vouloir leur interdire ce luxe inconcevable qu'est le câble de la télé, un de leurs rares moyens d'évasion à prix encore accessible. Que ces gens bien de chez nous auraient cadré dans les camps nazis à l'autre bout du fouet ou de la conduite au ziclon B. Écraser une âme dans un corps qui survit est autrement pire et plus cruel que d'éliminer la personne physique. Les morts aisées sont les plus rapides; ce sont les misères interminables qui font les agonies terrifiantes.

En plus de subir l'enfermement psychologique et la persécution morale par le préjugé, Claire doit aussi survivre entre quatre murs qui lui broient l'intérieur. Et pas loin, tout près de chez elle, des gens choyés par le système et l'ensemble de lois, souvent par le BS glorieux (subventions) dorment dans de vastes chambres de maisons qui comptent plusieurs pièces de trop.

Paraît que des entrepreneurs veulent inventer, ainsi que je le mentionnais, des 0 et 1/2. (Dans mon livre *La belle Manon*, il y a le richissime Péladeau qui achète les sapins de Montréal et les loue aux sans-abri pour ainsi leur donner une adresse officielle et leur permettre de toucher leur chèque de BS. Comme ça, tout le monde s'enrichit...)

Alimentation: **$2,22** /repas.

Que de légumes, que de fruits, que de viande maigre, que de santé dans cette somme impressionnante! L'alimentation d'un cardiaque tel que moi ne devrait pas comporter de gras, de sucres primaires ou secondaires et inclure des suppléments antioxydants. Avec $2,22, on est loin du compte. Il s'en contrefout de ma santé, celui dont le budget est dix fois le mien. Parce que lui croit qu'il l'a bien méritée, sa richesse, il est forcé de croire en corollaire que moi, je l'ai méritée tout autant, ma pauvreté. Il ne sait pas et ne veut pas savoir.

Ce matin, j'ai trouvé une solution alimentaire pour Claire la BS: les big-macs! 1,49$ chacun le lundi. Avec taxes, cela fait 1,72 $ Claire prend ses pattes et va au McDo le lundi et s'y procure 21 big-macs pour la semaine. Ainsi, elle économise 0,50¢ par repas. Et ça lui permet de moins débrancher son frigidaire par souci de ne payer que le minimum quotidien et mensuel pour son Hydro.

C'est ça, la débrouillardise! Y a toujours moyen de moyenner dans un pays aussi beau et riche que le Canada.

Et ça bourre en sacrement, des big-macs!

Vêtements: 20$.

Pour ne pas en pleurer, vaut mieux en rire: ce que j'ai fait en chapitre 2 en parlant de ce poste. Une femme: 20$/mois pour ses vêtements. Un homme peut trouver ça drôle et parler de friperies etc... Peut-on seulement se procurer un seul pantalon, une seule blouse, une seule paire de chaussures pour 20$? Mon catalogue répond NON. Qu'en pensez-vous, madame la comblée qui êtes à me lire? Éclairez ma lanterne, là, vous! Imaginez 20$ par mois pour votre budget vêtement les 2 ans à venir... Je sais, je sais, vous méritez mieux, bien mieux que la petite travailleuse du salaire minimum et infiniment mieux que Claire la maudite BS que vous faites vivre avec vos taxes...

Assurances: 25$

Assurance-vie seulement. Histoire de se faire enterrer par ses propres moyens. Ou alors pourquoi l'État si porté à s'ingérer dans la vie des citoyens ne favorise-t-il pas la création de 'crématothèques' tout comme il finance des bibliothèques et même des grandes bibliothèques à 90 millions$ chacune. Après tout, enterrer dignement ses morts est un des premiers signes de civilisation d'un peuple, non? Une crématothèque, là, pas besoin d'équiper ça comme une bibliothèque. Un four, un jardin pour les cendres et le recueillement. Je vous en bâtis une pour 100,000$, moi. Et quand meurt un BS, on envoie le corps pour une crémation économique. 100$ du cadavre. Que d'économies au poste des assurances! 25$ par mois, ça fait 300$ par année. On vient de sauver 200$

Qui va rire de moi et me dire que ça ne serait pas rentable? Mettons 3 fours par crématothèque, tant qu'à la bâtir. Ça veut dire 3 cadavres à l'heure. Tu peux faire marcher ça 24 heures sur 24. 72 crémations par jour = 7,200$ d'entrées de fonds pour l'État.

Et puis on pourrait doubler les revenus en mettant des vidéopokers un peu partout dans la crématothèque. Ça amènerait du monde aux 'funérailles' des BS. Au moins, ils ne seraient pas 'tuseuls' dans la mort comme ils l'ont été dans la vie. Dans la salle d'attente, la parenté pourrait se divertir entre le moment où le corps est mis au chaud et celui où les cendres sont mises au frais. Et enterrées au jardin. Une couple de machine à sous dans le jardin, ça nuirait pas. Et pas besoin d'une urne en acajou incrustée de bijoux: tu peux avoir une petite boîte en cèdre à 1$ au Dollarama le premier du mois. Ah! si j'étais donc Premier ministre!

Électricité: 60$.

Ménage Claire! Surveille ton thermostat. Gèle un peu, c'est pas ça qui te fera mourir. Avant l'électricité, le monde, ça survivait. Pas besoin de ça au fond. C'est du superflu pour un pauvre, ça. On se levait avec la glace dans les vitres pis au bout du nez dans le vieux temps. Pis le bonhomme qui l'avait au bout de la q... Débranche-le de temps en temps, ton maudit frigidaire. Pis toujours le nez devant ta tévi à t'exciter à r'garder du monde riche. Le fun, c'est pas pour toi: rentre-toi donc ça... Comment veux-tu pas tomber dans la dépression quand tu passes ton temps à rêvasser que tu manges plein de bonnes affaires, que tu vis dans ta maison à toi, que tu chauffes ça comme il faut, que tu vas aux vues, que tu vas voir Céline au Stade, que tu t'achètes une robe, des bijoux, une auto, que tu pars en voyage en Floride, que tu reçois la parenté, que tu fais des cadeaux... Ferme donc ta télé pis ferme ta gueule. *C'est moi, le petit-coq-d'Inde, c'est moi, le gros-cochon-d'Inde, qu'on te le dit... Si on nous donne la permission de parler à radio pis piétiner ceux qui sont déjà psychologiquement et financièrement à terre, ça veut dire qu'on représente pas mal de monde, ça. Bon...*

Téléphone: 35$

Ça se peut-il, ça, 35$? Étant donné que le budget de Claire défonce de 65$, j'ai pensé éliminer ce poste.

Peut-être même qu'il faudrait leur interdire l'usage du téléphone à ces misérables-là, histoire de les pousser un peu plus à lâcher la maison pour se chercher un emploi. *"Grouillez-vous le cul!"*

Claire se présente chez un employeur éventuel et il lui suffit de déclarer comme ça: *"Je viens vous voir sans rendez-vous étant donné que j'ai pas le téléphone étant donné que chu BS."* Et l'employeur éventuel, un gentil monsieur, de lui répondre: *"Retourne chez vous; on va te téléphoner."*

Restaurant, sorties: 0$

À l'époque nazie, il était inscrit en façade des restaurants allemands: **interdit aux Juifs**. Dans les États américains du sud: **interdit aux Noirs**.

De nos jours, chez nous, il est écrit dans chaque prix au menu de tous les restaurants: **interdit aux BS**. Et même aux petits travailleurs pauvres.

Culture, livres, musique, cinéma, théâtre... 0$

Claire peut s'en passer en se disant qu'elle est seule responsable –et coupable– de sa pauvreté. Disons. Mais Rébecca, fillette de 9 ans d'une monoparentale pauvre, comment le peut-elle? L'exclusion pour un enfant est désespérante, honteuse et laisse des marques à vie. Quand tout le monde est "pauvre égal", il n'y a pas d'exclusion. Mais quand le dénuement de Rébecca côtoie tous les jours le luxe des autres fillettes à l'école...

Ça ne vous fait pas un pli, je le sais.

Regardez la fillette en couverture et... riez.

Le *petit-coq-d'Inde* et son frère jumeau, le *gros-cochon-d'Inde* auront vite fait de comparer la misère de Rébecca à celle de la petite Malienne qui mange des criquets et se fait exciser. Que dire aux imbéciles sinon 'plaignez-vous de vos taxes'?

Sports: 0$

Il ne devrait pas être frustrant pour Claire (ou la salariée pauvre) de ne rien allouer à ce poste. Après tout, elle a deux pattes pour s'adonner au meilleur de tous les exercices: la marche. Bon pour les cardiaques, les diabétiques, les malades tous azimuts.

Pas besoin de tapis roulant, de vélo, d'équipement de ski, de tennis, ni non plus d'abonnement au gym ou de motoneige, VTT, ponton, bateau, encore moins d'appareils d'entraînement, tables de billard, de ping pong, de Mississippi, de jeux de croquet, d'accessoires de golf, de hockey, et donc pas besoin non plus des vêtements sans lesquels un sport n'en est pas un... Non, non... suffit que Claire, a'marche...

J'y pense, les mieux nantis comme vous sont-ils dépourvus de pattes qu'ils doivent investir autant pour garder la forme physique? Ah! mais quand on paye des taxes comme vous, faut bien se détendre, si on veut pas virer fou! Je vous comprends, ouais... Mais pourquoi vous me comprenez pas, moi?

Jouets: 0$

Je n'en ai même pas fait un poste dans le budget de Claire la BS. Bien évidemment puisqu'elle n'est pas monoparentale.

Mais que de jouets dans les familles nanties! Je ne parle pas des millionnaires mais de ces couples dans la trentaine qui disposent d'un revenu quelque part entre les 35,000$ et 100,000$! Pourquoi diable enterrer les petits de toutes ces choses quand on songe aux misères qui les attendent peut-être dans ce monde qu'on leur aura préparé? On consomme le plaisir de 'faire plaisir' aux petits en leur donnant des objets, sans cesse des objets, toujours des objets. Ce qui m'avait fait écrire en 1989 dans *Couples interdits* que les Canadiens (Québécois) sont des "***enfants de nanane*** *manipulés par des* ***enfants de chienne*** *(nos meneurs des pouvoirs établis), et qui se payent de temps en temps des* ***enfants de consommation***".

Eux, appelés à être beaucoup plus pauvres que nous en raison des dépenses écrasantes qu'ils devront supporter se résoudront-ils à nous payer des vieillesses à l'aise et tranquilles? C'est à voir. En les enterrant de jouets, nous les désarmons devant la vie et peut-être que nous nous enterrons prématurément. Aussi clair que ça.

Je vous laisse le soin de réfléchir sur les autres postes du budget de Claire la BS et de penser que le sort des gagne-petit (dont je fais maintenant partie) n'est guère plus reluisant que le sien. Voyages, médicaments, cosmétiques, journaux, revues, entretien, loteries, minou, photos, cadeaux, charité, ordi, cellulaire etc...

Vous savez ce que disent les 'gnochons' du BS aux victimes du système qui se trouvent sous leur férule? *"Ben va falloir que t'apprennes à faire ton budget avec les 525$ qu'on te donne, là!"*

Vous qui n'êtes pas stupide, malhonnête et méchant comme un fonctionnaire du BS, travaillez donc sur le budget de Claire et imaginez donc sa détresse à chaque poste de ce budget mortel...

Car vivre ainsi, c'est mourir chaque jour.

Juste retour des choses, le BS craint bien moins la mort que le nanti. À quoi bon vivre dans de telles conditions? Car le BS craint cent fois plus, mille fois plus les fins de mois, le coût des imprévus ou simplement les hausses des aliments que les mieux pourvus. Car le BS vit chaque jour sous le coup des préjugés les plus vils et les plus répandus. Il s'enferme en lui-même, se résigne, s'accuse, s'auto-détruit à force de se faire dire qu'il est un nul, qu'il est un poids social, une loque.

Dramatisation

Petit problème pour les uns, problème énorme pour les autres. Le réfrigérateur de Claire se brise. Un élément à changer. 75$. Que fait-elle? Où peut-elle couper pour payer la réparation? Où? Que de mauvais sang, que de stress, que d'heures à ne pas dormir à chercher une solution à ce problème! Que de santé investie durant toute sa pauvreté, tout le reste de sa vie peut-être, à se torturer... Que de tentatives et de rebuffades! Pas de crédit bancaire. Pas de crédit du réparateur. Personne pour lui prêter l'argent. Le demander à tous ces gens-là et essuyer refus sur refus. L'humiliation, le découragement, la perte d'estime de soi. "*Ben voyons, on se suicide pas pour un frigidaire! C'est ben simple: tu fouilles un peu plus creux dans ta poche...*" Toute cette énergie, tout ce temps perdus pour un misérable 75$!

"*Va falloir que t'apprennes à budgéter,*" de lui dire le 'gnochon' de fonctionnaire du BS.

À qui est en bonne santé, il est aisé de conseiller les malades. Térence

***

5

La machine à pauvreté

–Madame Dubé?

–Elle-même.

–C'est Lynette Labrecque du bureau de la SS.

–Quoi?

–Solidarité Sociale. Aide sociale.

–Ah!

–C'est pour vous poser quelques questions.

–Ben... j'écoute.

–Nous autres, on aurait besoin de savoir des affaires là, des choses comme... mettons vos sorties, là... fréquentation des bars peut-être?...

–Pis?

–Ben... mettons, c'est quoi, vos dépenses de sorties?

–Ben... je visite mes soeurs une fois par semaine...

–Vous avez une auto, une Cavalier 94... Je vois ça ici, là, sur notre ordinateur branché sur le bureau d'enregistrement.

–Et après?

–Combien de kilométrage faites-vous par semaine à peu

près?

–C'est mes oignons, ça...

–Écoutez... étant donné que c'est l'État qui vous donne votre chèque... parce que vous êtes prestataire de la SS...

–BS, BS: vous pouvez le dire.

–On ne dit plus BS, madame. C'est trop plein de préjugé.

–Asteur, on dit SS?

–C'est ça, madame. Vous devriez avoir plus de respect.

–Respect? Tabarnak, suis BS moi-même.

–Pour en finir avec ce que je disais: étant donné que l'État vous fait vivre, ça nous regarde de savoir de quelle manière vous dépensez votre argent...

On croirait rêver. Ou cauchemarder. Voilà le type de conversation qui se tient tous les jours entre les fonctionnaires de l'aide sociale (SS) et les prestataires. Pas tout à fait. Ici, la prestataire se défend un peu. En général, ils ont si peur de se faire taper sur les doigts qu'ils se rapetissent et, comme des enfants penauds, tentent de cacher leur faiblesse derrière un mensonge piteux.

Je n'ai pas inventé ce dialogue. Il est réel. Il est fréquent. Lors d'une comparution devant ces gens-là, on m'a intimé l'ordre de me taire avec l'expression BS. De la même façon qu'on le fait ci-haut avec madame Dubé.

Beaucoup approuveront l'attitude de la fonctionnaire. Un BS ne devrait même pas posséder d'auto selon eux. Il est odieux pour une société d'abondance incapable de pourvoir tous ses enfants d'outils de travail de prendre pour prétexte qu'elle paie afin de s'ingérer dans la vie privée de ses citoyens à moins qu'il n'y soit soupçonné un abus criminel.

Une société à subventions (BS glorieux) comme la nôtre

et dont le système des lois privilégie les uns de manière in-
décente, a pour devoir impérieux de faire vivre les sans-emploi. Ou bien qu'elle se décide à les éliminer et elle re-
cueillera les bravos des émules du *petit-coq-d'Inde* et du
gros-cochon-d'Inde...

Avec son génie malfaisant, le monstre humain a trouvé
une voie médiane entre le soutien décent des plus vulnérables et leur élimination physique: l'assassinat de ces inutiles
à petites doses quotidiennes par une machine à pauvreté ins-
titutionnalisée.

Pourtant, on pourrait créer des ghettos dans toutes les régions du pays et y parquer les pauvres. Comme on l'a fait au
siècle dernier avec ces indésirables Indiens. Comme à Varso-
vie avec ces Juifs inutiles. Se modeler sur les ghettos noirs
américains ou les favelas brésiliennes.

Des ultra HLM. Cuisine collective. Ultra recyclage. Services communautaires. Que d'économies pour l'État! On
pourrait administrer ça comme les camps nazis. Mettre les
'invités' au travail une bonne fois.

Mais non. Le pays ne veut pas montrer à la planète et à
l'Histoire son Tiers-Monde odieux, alors il a inventé (en fait
copié d'ailleurs car ce pays n'invente pas grand-chose) et installé le ghetto virtuel (avant la lettre), le ghetto atomisé.

Tel est le système BS.

Telle est la honteuse machine à pauvreté des pays dits
riches.

Le pire au monde chez nous.

Lépreux de la nouvelle économie, les BS, et aussi dans
une même mesure les gagne-petit, sont exclus du partage de
la richesse collective accumulée ou générée en ce moment
même.

Inutile de revenir en arrière pour analyser le budget de Claire la BS. Je me suis basé sur le cas d'une personne seule pour raisonner, mais celui de la monoparentale BS n'est pas plus reluisant puisque ses obligations sont plus élevées, même si son revenu l'est aussi; même chose pour les travailleurs des derniers barreaux de l'échelle comme j'en suis devenu un.

Infernale machine à pauvreté.

Il y a la pauvreté en soi. Souffrir chaque jour de manquer cruellement du nécessaire. Se torturer dès que l'on ne dort pas —et encore, l'inconscient continue de travailler de nuit, lui— aux fins de savoir comment faire face aux factures, aux inflations tous azimuts qui enrichissent les riches chaque jour davantage, aux imprévus incontournables.

Le froid pour ceux qui cherchent à grignoter leur facture d'électricité. La faim ou la mauvaise alimentation pour ceux qui cherchent quelques sous dans leur budget d'épicerie.

Et il y a la peur. Peur du lendemain. Peur incessante. Peur de perdre son emploi pour le petit travailleur. Peur de perdre son revenu pour le BS. Peur que la machine fait peser constamment sur ses victimes prestataires.

Il y a ces lettres menaçantes envoyées aux prestataires sur une base régulière par le ministère de la pauvreté, celui de la Solidarité Sociale dont le nom même fait en sorte de culpabiliser celui qui en 'bénéficie'.

(On a enfermé le BS dans un trou, on le condamne à l'inanition, on l'isole socialement et on lui demande de s'extérioriser pour trouver un emploi. On le fouette et on le fait courir encore et encore. Par la peur, la peur constante. Motivation négative, dévalorisante, décourageante. La fessée aux petits du primaire, ça vous rappelle quelque chose? On frappait celui qui avait de mauvaises notes sans jamais se demander pourquoi et on médaillait les premiers de classe. Une façon de faire qui perdure au plan social. Massacrons son esprit pour que l'homme s'améliore! Faut-il une société malade pas à peu près!)

Et puis il y a le préjugé, le terrible, l'effroyable préjugé, le fer rouge qui vous marque au front pour la vie. Qui sape les bases même de votre ego au fond de votre âme. Le préjugé qui va d'une bouche sale à une autre bouche sale. Le préjugé qui vous devance à la banque, à la pharmacie, chez le docteur...

"Pas de crédit pour ces va-nu-pieds!"

"Qu'ils payent leurs choses plus cher."

"À force d'avoir honte, ils finiront par se trouver un emploi."

"Nous autres, on travaille, qu'ils se débrouillent ou qu'ils crèvent!" (Discours de la belle-mère d'Aurore et qui plaît tant à tant de gens de nos jours.)

Comme si on stimulait un être humain à le dévaloriser, à massacrer son estime de soi déjà bien amochée par les coups du sort.

Il y a cette école de pensée de ces salauds, choyés par le système et qui s'en attribuent naturellement tout le mérite, qui les fait conspuer ceux qu'ils appellent avec dérision les 'losers'. École de pensée affirmant que l'individu seul est responsable de ses déboires...

Il y a l'isolement social que voudraient le plus total possible pour ces pauvres méprisés tous nos soit-disant humains égoïstes, matérialistes au point de massacrer d'avance l'avenir de leurs propres petits-enfants,

Il y a l'isolement économique. Pas de crédit bancaire

pour un BS. Pas de subventions. Pas de plan Paillé qui s'applique à lui.

Il y a la culpabilité soigneusement entretenue par les pouvoirs, le médiatique surtout, pour garantir la résignation essentielle des victimes. Que de similitudes avec les camps staliniens!

Et il y a la disharmonie familiale induite par les incessants et insurmontables problèmes de survie et de budget. Chicanes. Destruction des meilleurs sentiments: amour, amitié, tendresse. Souvent même échappatoires nocives: alcool, loteries... Loteries étatiques...

Et, revenons-y, il y a la surveillance de la vie privée. Les taupes aux postes qui ouvrent le courrier du BS redouté. Les délateurs qui provoquent les coups de fil comme celui à madame Dubé. Au BS, on se branche sur la SAAQ pour identifier le véhicule possédé. Renseignements obtenus des banques qui, grandes choyées de l'État, collaborent à mille pour cent avec lui. Les comparutions et les interrogatoires interminables. Les lettres qui supputent et laissent entendre au prestataire qu'on détient des informations sur sa fraude présumée. Et ces propositions de formation pour mieux piéger le prestataire, et le détailler, et l'espionner de près. Tous ces prétextes à coupures qui se recoupent et s'additionnent.

Il y a pour tous les pauvres la honte et la frustration. Tous les jours. Et la tristesse. Et l'incompréhension. Comment le meilleur pays au monde s'y est-il pris pour créer dans ses entrailles même un véritable Tiers-Monde? Un pays de tant de surplus, de tant de superflu? Où est l'erreur? Pourquoi cette horreur?

Il y a même pour certains le suicide.

Et il y pour administrer ce chaos coûteux, cette débilité

humaine, cette détresse engendrée par la bassesse, l'esprit fonctionnaire. Qui n'est qu'esprit tortionnaire.

Les gens utilisés (kapos du système) par le ministère de la Solidarité Sociale sont d'une telle stupidité, d'un tel aveuglement, d'une si incroyable incurie que l'écrivain de 60 ans que je suis est en mesure d'affirmer n'avoir jamais rencontré d'êtres aussi dégénérés que ceux-là de toute sa vie.

Ces bestioles ne sont solidaires de personne du côté des prestataires. Et leur premier souci est de justifier leur poste et leur salaire. Ils se protègent entre eux comme tous les fonctionnaires: point final. Leur mission dont ils s'acquittent à merveille consiste à surveiller, culpabiliser, menacer, dévaloriser, isoler, réduire chaque mois un peu plus leurs victimes à quia et à l'enfermement moral définitif.

Sous l'éternel –et unique– prétexte de fraude à éviter – illégalité à laquelle tous les prestataires sont de toute façon condamnés par le système lui-même qui cherche ainsi à les mieux culpabiliser et contrôler– on suspend au-dessus de leur tête une épée de Damoclès, toujours la même: la menace de leur faire perdre leur pitance mensuelle.

Non seulement la machine à pauvreté maintient-elle ses victimes dans la terreur psychologique, mais elle multiplie sur leur chemin les pièges et les embûches. Ce Canada, champion de la lutte contre les mines antipersonnel fait en sorte que la vie des citoyens de son propre Tiers-Monde intérieur soit parsemée de ces mines psychologiques prêtes à leur éclater en pleine face à tout moment. Le meilleur pays au monde qui subventionne ses choyés à milliards chaque année a raffiné l'esprit tortionnaire comme pas un autre. Et il a le culot de faire semblant de faire la leçon aux Chinois en matière de droits de la personne.

Destruction psychologique, destruction de l'ego, destruction de la personnalité, le BS est une forme d'exclusion machinée qui rejoint toutes les autres imbécillités de l'Histoire: esclavage, guerre, Inquisition, racisme, nazisme, stalinisme et même les incontrôlables fatalités pour ainsi dire, tels que famines, épidémies, lèpre...

Démocratie

Le plus drôle dans cette histoire, c'est qu'un pays qui se présente à la planète et à l'Histoire comme un champion des libertés démocratiques enlève tout poids politique et donc social à ses citoyens pauvres.

Certes, on les courtise lors des élections afin de prendre le pouvoir, mais on ne leur consent aucun changement notable de leur condition sociale qui chaque décennie va se dégradant. Et **aucun député** ne les représente jamais puisque **pas un** depuis toujours n'est **issu de leurs rangs**. Des centaines de milliers de gens voire des millions ne sont aucunement représentés pour de vrai dans les parlements.

Chez nous, les pauvres sont des pions sur une façade ayant pour grand nom: démocratie. Des pions qui n'ont de valeur qu'au temps des élections.

Vers le pire

Foncièrement destructeur de l'humain, le système BS.

Effroyablement coûteux, le système BS.

Fondé sur l'exclusion, le système BS, pas sur l'inclusion.

Sans doute installé sur de louables intentions, le système BS est devenu une véritable machine à pauvreté, une machine à tuer à petites doses quotidiennes.

Voilà pourquoi la fillette BS de la couverture verra sa vie écourtée de sept ans.

Surplus, superflu, abondance sont partout dans ce pays, mais pas dans le ghetto BS, pas dans le Tiers-Monde canadien dont la condition empire sans cesse tandis que la prospérité du plus grand nombre s'accroît, elle, sans cesse.

Je n'ai pas honte d'avoir été BS.

Mais j'ai honte d'être canadien.

Ou québécois... Ou les deux pour ces fanatiques dilettantes qui me voudraient politiquement engagé à cet égard.

Vice sans fin

Le machine à pauvreté est vicieuse sans fin. On nous dit depuis des lunes que ça ira mieux demain et l'inégalité entre les citoyens ne cesse d'augmenter.

Un homme pauvre vivait des fruits de son travail naguère, il n'y a pas si longtemps.

Un homme pauvre crève de son travail en 2001.

"Résignez-vous, les mange-misère. Ça ne fait que commencer."

Vis sans fin

Entendons les économistes répéter ad nauseam: *"Pour distribuer de la richesse, faut d'abord la créer."*

L'argument constitue une vis sans fin, car il ne tient pas compte de la richesse qui existe déjà; de plus, il est une lapalissade. Qui va contester une telle évidence? Or ces gens douteux l'utilisent comme d'un élément fondamental.

Voici une allégorie ou longue métaphore.

Un désert: des gens errent çà et là. On sait un puits quelque part. D'aucuns y parviennent avant les autres. S'ils veulent boire, il est évident qu'il leur faudra tirer l'eau. Ce qu'ils font aussitôt en installant un système de poulies puis en établissant des règles de distribution de l'eau. Et on engage des gens pour appliquer les règles établies: des fonctionnaires.

On se sert. Abondamment. On distribue. Abondamment Aux grandes gueules. Aux grands talents. Aux amis. D'autres viennent qui ont moins à offrir. Moins talentueux, moins chanceux. On leur confie la tâche de tirer l'eau moyennant un peu du précieux et vital liquide.

"Travaillez, tirez l'eau et on vous donnera le salaire minimum: trois verres par jour." Et les autres avant eux, autour d'eux, ont des citernes bien remplies, se sont bâti des maisons cossues avec des oasis bien arrosées autour...

"On en veut plus, juste pour se sentir plus humains," de dire les pauvres qui tirent l'eau et ceux laissés-pour-compte assis plus loin et à qui, pour ne pas avoir honte de porter le nom d'humains, nous consentons un verre ou deux par jour par charité, une charité qui donne bonne conscience...

"Écoutez, faut créer de la richesse avant..."

Et on serre la vis aux démunis avec une vis sans fin.

Prenons un catalogue Sears, visitons les centres commerciaux, les bungalows, on verra partout surplus et superflu qui côtoient, inaccessibles pour elle, la misère abjecte.

La richesse qui existe déjà est injustement, inhumainement répartie. Comment le sera celle qui, au dire des économistes, est à créer avant de la redistribuer?

***

76

6

La crucifixion

"Pis nous autres, faut prendre des Mexicains pour récolter patates, tomates, les bettes pis les choux. Que voulez-vous, nos BS sont trop lâches pour travailler."

Pour ceux qui ne savent pas encore ce qu'est un préjugé, en voilà un beau. Du plus pur "petit-coq" et "gros-cochon". Les préjugés sont la raison des sots, disait Voltaire.

La vérité est tout autre. Le BS apte au travail ne va pas accomplir une tâche de ce type à temps partiel simplement parce que les revenus en résultant lui seront **amputés** de son chèque mensuel. Un fou dans une poche. Aller travailler sans en retirer aucun avantage pour une société qui l'a foutu dans la merde. Car une société qui subventionne à milliards entreprises et individus qui ont les moyens et pas les besoins tandis qu'elle détruit l'âme d'une minorité sans voix de ses citoyens qui ont les besoins et pas les moyens, en est une qui se contrecrisse de l'individu démuni et isolé.

C'est ainsi que la machine à pauvreté fait d'une seule pierre **trois** beaux coups. Elle cloue sa victime dans l'inertie. Elle l'enferme dans le préjugé. Et elle le condamne à l'illégalité.

Car pour être en mesure de boucler ses fins de mois, le BS à 525$ trouvera des 'jobbines' au noir. Et nos bons gouvernements de gaspiller des millions dans des campagnes pour contrer le travail sous la table alors même qu'ils y acculent des milliers et des milliers de personnes. Mais un monde de fous, mais un monde de fous!...

Le budget du BS apte au travail ne lui permet pas de survivre: c'est clair et net parce que c'est tout bonnement mathématique. Si vous ne l'avez pas gardé en tête, on ne retournera pas à l'analyse du budget de Claire. En ce cas, vous devez sûrement avoir gardé le préjugé bien ancré dans votre cerveau...

Le premier devoir de tout être humain est son devoir de survie. Le BS à 525$ par mois doit obligatoirement trouver plus; la moralité ici doit primer sur la légalité charognarde d'un système abominable qui est une insulte à la logique donc à la personne humaine. En conséquence, on peut en déduire que presque tous les BS aptes au travail sont mis à la **fraude forcée** par la machine étatique.

Un gouvernement qui pousse ses citoyens dans l'illégalité est un gouvernement **criminel**. Je déclare le Canada (et le Québec itou) un pays criminel. Et je souhaite qu'il soit poursuivi en justice. En fait, on a bien plus d'évidences pour l'y traduire que pour faire un procès à Mom Boucher.

Les témoins ne seront pas faciles à trouver car les prestataires risqueront les contrecoups de la machine par suite de leur témoignage. Quant à moi, je le ferais au risque de n'importe quoi... Je le fais déjà par ce livre.

Du temps de Duplessis, on imposait des limites de vitesse dérisoires sur certaines portions de route. Du 10 km/hre en des lieux qui ne le justifiaient aucunement, sinon qu'il se trouvait à proximité un bel endroit où pouvait s'embusquer une voiture de la PP prête à rattraper les fautifs roulant dans l'illégalité. Le but de l'exercice n'était pas de faire respecter la loi mais de collecter des amendes. Certains villes s'adonnaient à ce jeu il n'y a pas si longtemps encore, et j'en nomme quitte à m'y faire des ennemis: Black Lake, Beauceville, Boisbriand, Richmond. En connaissez-vous?

On le redit, la machine à pauvreté canadienne pousse à l'illégalité pour mieux ensuite jouer sur la culpabilité du prestataire. C'est dans cette veine qu'on lui adresse régulièrement des lettres affirmant qu'on a '*obtenu des renseignements à l'effet qu'il aurait reçu des revenus non déclarés*'. Ce qui a pour effet de délier certaines langues. Ou bien d'en clouer d'autres dans le silence, le mensonge, la peur. En tout cas, l'exercice permet de ramener bien des prestataires à l'inertie. On gère le BS avec des quotas, ce qui n'a rien à voir avec la solidarité. **Pas trop** de BS pour ne pas choquer l'opinion, **mais assez** pour justifier l'existence de la machine et ses méthodes avilissantes.

Et avec un grand plaisir, on visse au fond de la gorge du BS, comme des amygdales en fil de fer barbelé, le préjugé le plus répandu chez nous: "*Des maudits lâches qui veulent pas travailler.*"

Et nous, du plus beau pays du monde, on a le culot de vouloir donner des leçons en matière de droits de l'homme aux Chinois.

Le cas du travailleur autonome

Si jeté en bas de sa micro-entreprise par la fraude des uns, leur incompétence ou la malchance tout simplement, peut-être par ses propres erreurs, le travailleur autonome ne

79

peut pas compter sur le BS pour l'aider à sortir du trou. Car le BS agira exactement à l'inverse.

Si tu pars du BS pour occuper un emploi, tu pourras, par exemple passer du jour au lendemain d'un revenu BS de $6,300. annuel à un revenu d'emploi de 8,500$ ou plus. Le salaire minimum appliqué à un travail à plein temps génère davantage que le BS. En ce cas, les choses sont claires et faciles. La transition est directe et immédiate.

Mais il n'en est pas de même pour le travailleur autonome. Pour lancer ou relancer une affaire, il faut du capital. Où un BS peut-il le trouver dans un système fondé sur le préjugé et qui le coupe de tout crédit bancaire ou crédit de fournisseur? Dans un système **qui ne lui permet pas d'épargner** non plus et fait en sorte que les maigres surplus qu'il pourrait engranger en vue d'une capitalisation lui soient raflés à mesure par un État vorace qui a besoin de tout l'argent qu'il peut trouver pour subventionner à milliards des entreprises et des gens qui n'en ont pas besoin pour une bonne majorité.

Mieux encore, si le BS est à cheval sur son revenu de survie en provenance de l'État et un revenu d'appoint lui permettant de capitaliser, la machine exigera de scruter à la loupe tous ses documents comptables. Ce qui le forcera à ne jamais travailler sous la table et à produire des rapports d'impôt stricts. Bref à marcher dans la stricte légalité à tous points de vue, ce qui rendra **impossible** le démarrage sur un bon pied de son entreprise et sa croissance à moins qu'il n'exploite un filon d'or, auquel cas il aurait aisément pu trouver des actionnaires et du financement.

Le travailleur autonome happé par la machine à pauvreté ne peut pas s'en sortir. Il roule dans une zone à limite de vitesse dérisoire sur une voie parallèle à l'autoroute et on ne lui permet pas d'accélérer pour faire son entrée parmi la circulation qui file à vitesse de croisière sur la grande voie honorable. On lui enlève tout carburant de surplus qui lui serait nécessaire à cette fin. Et pourtant, on transfuse une bonne partie des véhicules qui filent déjà à belle allure avec du carburant étatique (subventions). À lui, on demande l'impossible. On le condamne à l'accident à la sortie, à la faillite. **On le veut BS**. À tout prix. Un prix que lui seul paye toutefois. Car la machine à pauvreté est devenue une nécessité pour le système et ses choyés comme on le verra dans un chapitre subséquent.

Conclusion

"*Il n'y a pas de meilleur moyen de détruire un homme que celui de le payer à ne rien faire,*" de dire le grand Félix Leclerc, monument d'un grand petit peuple.

"*Une belle niaiserie!*" de commenter Michel Chartrand, un autre grand de la petite maison familiale.

Lequel de ces deux monuments nationaux a raison selon vous? Celui de gauche ou celui de droite?

Ce que le premier aurait dû dire plutôt, c'est que le meilleur moyen de détruire un homme, c'est de le **condamner à l'inertie**. Et ce n'est pas en le payant à ne pas travailler qu'on y parvient, mais en lui enfargeant les pattes comme le fait la machine à pauvreté.

Pour crucifier le BS et pouvoir se le donner en exemple noir, cette société à la corruption raffinée utilise à fond le clou du préjugé, ce qui du reste fait comprendre que parmi tous ces préjugés dont nous sommes cousus, le plus connu et répandu soit celui désignant les BS comme des fainéants professionnels. Ce qui explique aussi que les petites initiales

BS sont plus évocatrices que toutes les autres qui peuvent vous passer par la tête. Évocatrices au sens le plus péjoratif.

La tyrannie de la multitude est une tyrannie multipliée.
Burke.

***

7

Happé par la machine à pauvreté

Pour plus de clarté et de concision, voici la chronologie des événements de mon histoire économique depuis que j'ai pris la décision d'écrire en 1977.

1978: parution de mon premier livre, *Demain tu verras*, chez un éditeur qui deviendra l'un des plus importants au Québec. Comme il a la poursuite facile et le moyen des avocats, je ne vais pas le nommer ici. Ventes étonnantes selon l'éditeur et le diffuseur.

1979: parution de *Complot*. À compte d'auteur car j'étais insatisfait des ventes (5,000) de *Demain tu verras*.

1980: parution de *Un amour éternel*. Ventes: 14,500 copies. Rachat des droits sur *Demain tu verras* et relance. Ventes additionnelles: 20,000 copies. (Avais-je raison de me montrer insatisfait des 5,000 ventes par l'éditeur en 1978?...)

1981: parution de *Chérie*. Ventes: 8,800 copies.

1982: parution de *Nathalie*. Ventes: 38,000 copies comprenant tous les tirages jusqu'en 2001. Parution de *L'orage*. Ventes 6,000 exemplaires.

1983: *Le bien-aimé* et *L'enfant do:* 3,000 chacun.

Difficultés financières de mon diffuseur principal. Déménagement ailleurs là où on diffuse aussi mon premier éditeur. Résultats catastrophiques. Menaces de mon premier éditeur qui exige mon expulsion ou bien il déménage. Expulsion par moyens détournés.

Rétablissement de la situation chez mon premier diffuseur. Retour là. Poursuite des affaires.

1984: *Demain tu verras* (2) et *Poly*. 10,000 **chacun**.

1985: *La sauvage* (700 pages). 7,700 copies.

1986: nouvelles difficultés financières de mon diffuseur. Non paiement –de lui à moi– de *La sauvage*. Faillite du diffuseur. Saisie du tirage par l'imprimeur impayé.

Aussi difficultés chez un 2e diffuseur qui constituait 25% de mon chiffre de ventes. (Faillite à venir en 1987).

Pour redresser la situation, je lance une série de "romance astrologique", inspirée par le fait que mes romans se vendent comme des petits pains et que l'astrologie aussi est un vendeur de première. Un diffuseur que l'idée séduit en répandra 10,000 par mois sur le marché, ce qu'il peut faire puisqu'il distribue entre autres le Journal de Montréal et le Journal de Québec et dispose d'un grand nombre de points de vente. Pesant, il m'obtient une importante émission de télé au moment stratégique. La tentative deviendra un gouffre financier. Quelque chose n'a pas marché. Aux avatars subis par la faute des autres s'ajoute cette erreur de jugement de ma part. Un subventionné n'aurait pas eu à s'inquiéter, lui. La banque est là. Le gouvernement est là.

Entre-temps, les gouvernements ont investi massivement dans le développement du réseau des bibliothèques publiques. Implantation des BCP (ou bibliothèques centrales de prêt de livres pour desservir les moindres villages). Construction de biblios dans les villes qui n'en possédaient pas.

Et puis en 1986, le fédéral des conservateurs (Mulroney) instaure un programme (DPP) par lequel les auteurs seront compensés pour la circulation publique de leurs ouvrages dans les bibliothèques. Un programme qui sera dès le départ détourné de sa raison d'être et vicié par deux principes visant à favoriser la production de "**stupid elitist bullshit**" que les éditeurs eux-mêmes qualifient en riant sous cape de leur "scrap à subventions", soit ces oeuvres que Jean-Louis Roux dans une lettre qu'il me faisait parvenir en l'an 2000 désignera quant à lui et quant au Conseil des Arts du Canada comme des "culturellement significatives". Ces principes gérant la répartition de l'enveloppe budgétaire sont:

1. Compensation individuelle plafonnée.

2. Compensation qui ne tient aucun compte de la circulation réelle d'un livre mais de sa seule **présence** dans les bibliothèques échantillonnées dont la moitié ou plus universitaires.

Ainsi, si je recevrai une compensation pour mes 8 premiers livres, je n'en recevrai jamais pour mes 34 suivants et tous les autres à venir.

On reviendra sur le sujet plus loin.

Un autre phénomène s'est produit dans les années 80. Nos 'bons' gouvernements sont massivement intervenus en faveur des éditeurs, et de multiples programmes qui les ont enrichis, ont tous exclu l'auteur-éditeur que j'étais. (Rappelons-nous Rousseau: *Les lois sont toujours utiles à ceux qui possèdent et nuisibles à ceux qui n'ont rien.*) On a soutenu les salons du livre, les présences des maisons d'édition dans ces salons, ici et en Europe. Bref, on a subventionné les éditeurs tout au long de ces années, des années 90 et on le fera sans doute à vie, de trois manières, mur à mur:

1. à la production;

2. à la mise en marché;

3. à l'écoulement (subventions indirectes via celles aux bibliothèques).

Trouvez une seule industrie plus assistée que celle-là. Les éditeurs sont devenus des assistés sociaux de haut rang. Le BS glorieux, ça les connaît. (Faut admettre toutefois que sans cette aide, la plupart auraient fermé leurs portes pour incompétence.)

Voici donc où je me situais par rapport à l'ensemble du marché de l'édition en 1987.

Plus de diffuseur.

Plus d'argent.

Une belle dette sur le dos.

Pas d'argent pour la payer puisque je n'ai aucun crédit bancaire et que l'imprimeur a saisi en quelque sorte mon portefeuille, soit la partie restante de mon tirage de *La sauvage*. Je survis par la liquidation à vil prix (pas de pouvoir de négo avec les soldeurs) de mes inventaires restants.

Et j'ai devant moi une concurrence archi-subventionnée qui produit sans arrêt, encore et encore. N'importe quoi pourvu que ça rapporte des subventions. Et, bien que mes livres aient la cote dans les bibliothèques publiques, je suis à peine compensé pour leur circulation.

Tous les horizons sont bouchés.

Une lumière apparaît soudain. Quelqu'un entre dans le dossier avec un peu de capital. Cela me permet au moins de faire paraître un nouveau livre. Reprenons la chronologie des événements, interrompue en 1986.

1987: parution de *La voix de maman*. Je trouve un diffuseur qui n'est qu'un faiseur de paquets. Les profits ne couvrent pas les frais. L'investisseur se retire.

1988: faillite personnelle. Je dois effacer la dette sur *La sauvage* et celle sur la romance astrologique.

Happé une première fois dans ma vie par la machine à pauvreté. **Happé par le BS**.

Et pourtant, des milliers et des milliers de mes livres circulent dans le réseau des bibliothèques. Un exemplaire qui m'a rapporté 3$ est lu des centaines et des centaines de fois avec les années. Un grand nombre de biblios en viendront même à les louer et à en obtenir 3$ par semaine à l'année longue... Et le fédéral, on l'a vu, en bon rapetisseur de têtes qu'il est, plutôt de compenser pour la circulation réelle des livres opte pour la compensation basée sur la seule présence des ouvrages dans certaines bibliothèques peu représentatives de l'ensemble. Principe antidémocratique. Car le peuple payeur de taxes exprime son choix d'un auteur plutôt qu'un autre par ses emprunts dans les biblios. Simple à contrôler. Léger et Léger le ferait pour 100,000$ par année.

Et pourtant, les éditeurs sont subventionnés mur à mur, tandis que les auteurs continuent de crever comme depuis toujours. En fait nous nous donnons une littérature à temps partiel. Ceux qui commettent des livres font carrière en d'autres domaines et ils se font 'cheap labor' de l'industrie. Quelle importance quand tu travailles comme prof de cégep ou artiste inc et que tu gagnes 100,000$ ou plus par an! J'ai tâché de faire comprendre ça à madame Bombardier; elle ne répond même pas à son courrier, cette vieille peau.

1988: aucune parution. Voyage en Russie... Le seul vrai

voyage de toute ma vie. Payé par quelqu'un...

1989: formation d'une Cie. Parution: *Couples interdits*.

Ventes insuffisantes. En fait, mes ventes dépassaient et de loin encore la plupart des livres parus au Québec. Mais 2,000 copies, ça ne suffisait pas à me donner à manger si je devais ne mettre sur le marché qu'un seul livre par année.

1990: je trouve du crédit de fournisseur grâce à une opération financière dite "transport de créance" par laquelle le diffuseur (nouveau) paiera directement l'imprimeur. Voilà qui me permet de faire paraître *Aurore*, *Un beau mariage* et *L'été d'Hélène*, tous trois dans la même année. *Aurore* atteindra les 14,000 copies avec les tirages de 1991 et de 1994. Les deux autres font 2,000 chacun.

Mais les choses ne sont plus ce qu'elles étaient. Les cubes de nouveauté en librairie sont paquetés de produits subventionnés. Il y avait à peine une dizaine d'auteurs à utiliser du matériel québécois en 1980 et voilà qu'en 1990, à cause des subventions massives, il y en a des centaines. Chaque paroisse a son romancier de fortune dont la carrière (indirectement subventionnée) ne dure que le temps des roses. Ils sont légion, les auteurs d'un ou deux livres. Et ceux-là vont piger dans l'enveloppe fédérale du DPP tandis que pas un de mes livres après le 8e n'obtient compensation parce qu'ils commettent le crime de faire partie d'une **famille trop nombreuse**. Ottawa punit l'effort. Québec s'en fout complètement et s'en fout encore en 2001. On semble ne pas vouloir des auteurs de profession chez nous et seulement des amateurs qui se flattent l'ego avec leur bouquin subventionné que pas même leur mère ne lit jusqu'à la troisième page. (C'est ça, de la "stupid elitist bullshit" ou dit à la manière Roux "oeuvres culturellement significatives".)

Et tout cela permet aux grands éditeurs de s'enrichir et de prendre un poids énorme au niveau de la diffusion. Le free-lance étouffe chaque jour un peu plus.

Au moins, suis-je en 1990 en mesure de communiquer avec le BS pour leur signifier que je n'ai plus besoin de leurs "faveurs" et "services"...

Cette même année, j'écris à des personnalités politiques d'envergure pour leur faire part de mes doléances quant au DPP et ses flagrantes injustices.

(Car cette compensation par l'État pour la circulation publique des oeuvres n'est pas une récompense mais un acte de la plus élémentaire **justice** dans un système démocratique dit de libre entreprise. Quand un État communise un bien dans un système de libre entreprise, il a le **devoir** de compenser la personne lésée pour le dommage qu'il lui cause, ici, l'utilisation de sa propriété intellectuelle.)

De ceux à qui je me suis adressé, un seul m'a répondu. Je ferai une chronologie des événements à cet égard dans un prochain chapitre.

1991: aucune parution. Réédition à fort tirage de *Aurore*.

1992: parution de *Femme d'avenir, Aux armes, citoyen!* et *La belle Manon*. Ventes lentes et bientôt l'impasse financière.

1993: parution de *La tourterelle triste*. Endetté de 1992, je n'ai pas les fonds. Une petite compagnie investit. La rentabilité n'est pas là; elle va se retirer l'année d'après.

1994: seconde faillite personnelle pour effacer les dettes. Retour obligé au BS. Pas de chômage pour moi. Pas de subventions pour moi. "*Y travaille pas assez... pour un comme pour l'autre...*"

Et pourtant, Radio-Québec fait un sondage et me trouve dans le peloton de tête des auteurs québécois. Le nombre de lectures via le prêt public est effarant. Et moi, après mes 8 premiers livres, aucune compensation par le DPP.

1995: entente avec un diffuseur. Il financera mes produits et s'il reste quelque chose, $ ou livres, je récolterai à mon tour. Et je 'sors' 5 titres la même année: *Le trésor d'Arnold, Rose, Le coeur de Rose, Un sentiment divin* et *Présidence.*

Résultat: crise cardiaque en décembre. Et surplus de livres. *"Devrais-je aller les porter au bureau du BS, tous ces invendus. On sait jamais, ils pourraient me les réclamer."*

1996: semi-invalidité. Attente d'une chirurgie. L'expérience avec le diffuseur investisseur se poursuit avec *Hôpital: danger* et *Une chaumière et un coeur.* Je continue de ramasser des inventaires mais pas d'argent. (Le système de diffusion du livre est devenu invraisemblable suite aux interventions aveugles des gouvernements.)

1997: *Rose et le diable* financé par de l'argent amical.

1998: parution de *Entre l'amour et la guerre* dans lequel je commence à exprimer ma rage envers ce système démentiel qui me rapetisse, me détruit, cherche par tous les moyens à me faire lâcher prise. Les prises de conscience se multiplient. La colère l'emporte sur tous les autres sentiments. Je commence seulement à comprendre la machine à pauvreté et ses diaboliques engrenages et rouages.

En mars, c'est la chirurgie cardiaque. Trois pontages.

De l'argent amical permettra de faire paraître *Noyade* cette même année.

Des deux titres, il me restera... des livres.

J'ai essayé de les hacher pour les mettre dans ma soupe; ça n'a pas marché. Je n'avais d'autre choix que de compter sur le BS pour survivre et écrire tandis que via le prêt public, la société me détroussait de pas moins de 100,000 $

chaque année...

1999: *Les griffes du loup, Le grand voyage, Les enfants oubliés* (sous pseudonyme). Les dépenses égalent les frais. L'argent amical se retire. Je reste avec des inventaires. Par chance, pour boucler mon budget, je peux vendre un livre de temps en temps. Sous la table. Chutttt... faut pas le dire. Ils vont s'en servir comme preuve contre moi. Le BS se fie aux délateurs pour 'poigner' les méchants fraudeurs qui osent en vouloir un peu plus que 525$ par mois pour survivre.

2000: d'autre argent amical se présente. Je fais paraître *Les parfums de Rose, Aimer à loisir, La bohémienne* et une réédition de *Nathalie*. Quand les sommes commencent à entrer tard dans l'année puisque les livres sont consignés au moins 6 mois avant de rapporter, **je me retire** moi-même du système **BS**. À 58 ans, me voilà prêt à voler de nouveau de mes propres ailes. Rien dans les mains, rien dans les poches, je repars de zéro tandis que les gens de mon âge passent à la retraite ou bien le sont pour la plupart.

J'ignore que je suis sous **enquête** depuis le mois de mars. On a découvert que des livres dont je suis l'auteur paraissaient depuis 1995 et on a immédiatement sauté aux conclusions: forcément j'ai fraudé le BS depuis 1995 puisque des livres dont je suis l'auteur ont vu le jour. Il leur a fallu des mois pour établir une preuve "accablante": soit pour environ 300$ de factures à mon nom à la librairie locale (de Victoriaville) depuis 5 ans.

On a fouillé chez les imprimeurs dont les noms apparaissent dans les dits livres. Rien à mon nom en ces endroits puisque les livres furent édités, financés, contrôlés par deux compagnies dont l'une a fermé ses portes et l'autre a failli.

Incapable de trouver des preuves suffisantes et ayant tant

soit peu de signification, la machine BS s'est retournée vers moi pour m'arracher des aveux, des papiers que je n'ai pas pour la bonne raison qu'ils **n'existent pas**. Ce fut la comparution, l'interrogatoire, l'enfer. Un chef d'oeuvre de malhonnêteté et de crétinerie. Du plus pur BS.

L'on m'a obligé à m'en aller avec d'interminables documents et déclarations à remplir. Je l'ai fait en disant toute la vérité: article A: 0; article B: 0; article C: 0... Etc...

Et voilà que je reçois une lettre du bureau du BS (Victoriaville) m'intimant l'ordre de leur faire parvenir tous les documents relatifs à mes affaires depuis 1995, même si je leur avais déjà officiellement déclaré n'en pas posséder puisque je n'avais pas publié de livres et que ceux à mon nom d'auteur avaient été publiés par d'autres que moi.

Voici le texte qui me fut servi par la Solidarité Sociale. Mesurez chaque mot et voyez le style. On n'aurait pas pu pondre mieux chez les inquisiteurs du Moyen-Âge.

*"Veuillez considérer cette lettre comme étant le dernier avis pour déposer vos documents. Ceux-ci sont nécessaires à l'évaluation de l'aide accordée depuis 1995. **À défaut de fournir ces documents, nous serons dans l'obligation de réclamer la totalité des prestations qui vous ont été versées**".*

En clair, tu produis des documents qui t'incriminent, – puisque leur seule existence serait incriminante,– ou bien on te condamne à nous remettre le BS honteux que tu as reçu depuis 1995.

Ou bien tu te condamnes toi-même par des aveux et des papiers à inventer ou bien on te condamne, nous, de toute façon. Ça, c'est la logique BS.

Les inquisiteurs du XVe siècle, quand ils tombaient sur le dos d'un hérétique, lui trempaient la main dans l'huile bouillante. Si ça ne lui faisait pas mal, il était innocent; dans le cas contraire, il était coupable. Rares étaient les innocents.

C'est le même traitement qui m'a été fait par les inquisiteurs du bureau du BS de Victoriaville. Je vais revenir sur le sujet dans le prochain chapitre en racontant par le détail ma comparution elle-même.

Une réclamation de 9,000$ par année sur 5 ans, cela signifie près de 50,000$. Pour quelqu'un qui ne possède rien sauf des stocks, ça repart bien en affaires, ça. Surtout à 60 ans. Avec un marché du livre complètement taré par la grâce des 'bons' gouvernements, comme on l'a vu en parlant des subventions et comme on le verra encore davantage plus loin au chapitre des monstres créés par l'État...

Quand je vous disais que le BS vous veut BS. Je ne me prends pas pour Jésus-Christ, mais c'est ça, de la crucifixion. Et tous les BS, pas rien que moi, en sont victimes. On veut les garder BS. À tout prix. Un prix payé par eux... et en définitive par toute la société.

Telle est la machine à pauvreté. Infernale machine.

On remet à flot les sinistrés de la nature, on cale dans l'eau les sinistrés du système.   Moi-même

***

www.andremathieu.com

8

L'absolutisme royal

En 1991, j'écrivais à plusieurs politiciens d'envergure, les plus connus des partis politiques à Québec et Ottawa pour leur faire part de mes doléances quant au programme DPP dont je vous ai parlé et dont je dénonce les principes vicieux depuis son instauration même.

Chrétien, Bouchard, Mulroney au fédéral. Bourassa, Frulla (?), du Boulerice (qui, dans l'opposition, 'veillait' alors à la chose culturelle) au provincial.

Mes évidences étaient celles déjà énoncées au chapitre précédent quant à ce problème de la circulation publique de mon talent et de mon travail.

1. Une société de libre entreprise qui communise un bien (ici les livres) a pour devoir de **dédommager** les personnes lésées (ici l'auteur d'abord).

a) En conséquence, le DPP ne distribue pas de subventions ou de récompenses mais des dollars de **réparation**.

b) En conséquence, Québec devrait aussi se doter d'un tel programme et pas seulement Ottawa. Car la province et même les municipalités participent à la communisation.

2. La répartition de l'enveloppe budgétaire doit respecter les principes de la libre entreprise.

a) En conséquence, tous les livres d'un auteur doivent obtenir compensation et non seulement les premiers qui font atteindre un plafond imposé par le programme. Car un plafond a pour premier effet de rapetisser les têtes. De favoriser les auteurs d'occasion au détriment des pros du métier.

b) En conséquence, la compensation doit être établie suivant la circulation réelle des livres. Aurait-on idée de communiser le talent de Céline Dion ou de Mario Lemieux puis de les compenser avec un programme étatique à plafond et qui ne tient pas compte de la volonté populaire? C'est du soviétisme pur, ça!

3. Un tel programme avec plafond et qui fait fi de la circulation réelle des livres est antidémocratique. Car le public payeur de taxes exprime sa volonté par ses choix dans les bibliothèques.

4. L'échantillonnage doit être pris auprès des bibliothèques représentatives (du taux de lecture d'un livre), pas les bibliothèques universitaires qui ne sont pas représentatives de l'ensemble.

Or le programme mis sur pied en 1986 bafoue tous ces principes un derrière l'autre à l'exception du seul premier. On verra plus loin le résumé de la pensée étatique à ce propos dans une lettre que m'adressait en 2000 monsieur Jean-Louis Roux, le directeur du Conseil des Arts du Canada.

Certes, on a reconnu par l'installation même du DPP le devoir de compensation par l'État pour la communisation du produit livre. Mais dès lors, on a dénaturé le programme par son application.

1. Plafond rapetisseur de têtes. Ce qui crée une lourde

injustice. L'auteur, après son 8e ou 9e livre n'est plus compensé. Le premier poétereau bourré de coke verra son chef d'oeuvre que personne ne lit rétribué des années durant par l'État. Une Denise Bombardier qui gagne des centaines de milliers de dollars par année touchera sa petite part annuelle pour son premier livre même si plus personne après X années ne le lit. Ottawa ne veut pas d'auteurs à plein temps: une race dangereuse, une race difficile à contrôler. Comme on distribue les narco-subventions aux entreprises pour les mieux contrôler, on répartit les enveloppes budgétaires culturelles. On a le nez partout. On sait tout. On voit tout. On maîtrise tout. Et au diable le peuple et ses choix. La voilà, notre démocratie canadienne.

2. Compensation basée sur la présence des livres d'un auteur dans quelques bibliothèques échantillonnées. (Et universitaires d'abord.) Prétexte d'Ottawa: coûts trop élevés autrement. L'exemple de la Grande-Bretagne qui elle, fait les choses avec justice, le démontrerait. (Voir plus loin lettre Jean-Louis Roux). Ce serait autant de moins à répartir aux auteurs, de dire le divin Conseil.

Qu'on fasse donc venir Jean-Marc Léger (de Léger et Léger) à la télé pour nous dire ce qu'il en coûterait pour tenir les comptes et faire réelle justice aux auteurs. J'ai parlé à beaucoup de gens de bibliothèques. Il suffirait que 10 d'entre elles soient équipées d'un simple logiciel et d'un budget sommaire de 5,000$ à 10,000$ par année pour faire le décompte des prêts réels pour chaque auteur canadien. 100,000$ sur une enveloppe de trois millions: une bagatelle. L'argument qui pouvait contenir un peu de sens en 1986 n'en a plus du tout et pourtant, Ottawa continue de le servir.

Ce programme nécessaire, s'il était fondé sur la justice la plus élémentaire et l'équité, susciterait des carrières d'auteurs à plein temps plutôt que de favoriser l'amateurisme et la "stupid elitist bullshit". Des auteurs de profession ont cent fois plus de chances d'être exportables; car si on plaît à un vaste public dans son pays, il y a de bonnes chances pour que le public d'ailleurs nous choisisse aussi. Un ouvrage qui traverse les frontières et parcourt le monde à la Céline pourra rapporter à lui seul chez nous plus que les coûts de tout ce programme du DPP.

Voilà en substance ce que je leur ai dit, aux politiciens en 1991, imaginant alors qu'ils dirigeaient quelque chose, tandis que c'est les fonctionnaires et eux seulement qui gèrent tout à leur manière, quel que soit le prix à payer pour les pseudo règles de base de ce pays à la soi-disant démocratie, à la soi-disant libre entreprise, à la soi-disant libre expression.

Un jour de 1991, j'ai reçu une réponse de l'un d'eux. Les autres n'ont jamais seulement daigné me répondre si ce n'est Bourassa par une lettre à contenu insignifiant...

Qui, d'après vous, m'a répondu par un appel téléphonique depuis sa chambre à coucher? Vous voudriez bien que ce soit votre préféré (ou préférée), hein, celui de votre parti, hein, égoïste manichéen que vous êtes à penser que le bien est de votre bord et le mal chez l'autre.

Je vous laisse languir. Je vous le dirai à la page suivante.

Mais reculons en 1986, l'année de ma dégringolade financière, faillite de mon diffuseur, faillite annoncée de mon autre diffuseur, saisie de mon portefeuille (tirage de *La sauvage*) par un imprimeur mené par l'esprit comptable (fonctionnaire), c'est-à-dire stupide et bouché, année aussi de l'inauguration du programme fédéral dit DPP.

J'avais couché à quelques reprises en 1983 avec une femme qui se mêlera de la campagne électorale de 1984 dans Deux-Montagnes. Elle avait obtenu un emploi au bureau de sa députée amie devenue ministre. Puis au bureau du Premier ministre Mulroney. Le macho en moi –peut-être– croyait pouvoir se servir d'elle comme canal –encore– pour faire passer mes doléances en haut lieu. Peine perdue bien sûr. (J'ai été puni: vous êtes contentes, là...) Le député de Beauce aussi m'avait fait marcher à l'époque. Bon...

Mais voilà qu'en 1991, je suis mis en contact direct avec le chef de l'opposition. Droit dans sa chambre à coucher. Et d'abord avec son épouse. J'ai été inscrit dans le carnet d'adresses téléphoniques de Jean Chrétien. Victoire! Il deviendra PM et fera justice. Et me fera justice.

Faut tout dire. Dans un de mes livres, en aparté, j'ai pris sa part. Suis toujours favorable à l'underdog et quand on frappe quelqu'un à tour de bras, je suis porté vers cette personne. Syndrome du messie sans doute. La presse d'ici frappait avec rage un des nôtres susceptibles de s'emparer des rênes du pouvoir à Ottawa et je n'aimais pas. (Attention, j'ai choisi de ne pas voter depuis 1973 parce que personne ne m'a présenté un programme convaincant qui soit favorable à la santé économique, démocratique, sociale et politique de ce pays. Je n'ai donc aucun parti-pris d'ordre politique. Et je déteste les excès de nationalisme. Voilà où je me situe alors.)

Le contact demeure. Je parle aux Chrétien à quelques reprises en 1991, 1992 et 1993. Lui me met en contact avec son ex-éditeur à Toronto. (Auparavant de Mississauga). *"On fait pas de livres du Québec, c'est pas rentable pour nous."* Bon...

Élections de 1993. Chrétien devient Premier ministre. Le dimanche suivant, vers dix heures du matin, mon téléphone sonne. Je me retrouve dans la chambre même du premier citoyen du pays. "*Vous allez être surpris ce matin, c'est le Premier ministre qui vous parle.*" Un peu plus et je tomberais en bas de ma chaise. "*Je vais vous mettre en contact avec mon ministre du Patrimoine et vous lui ferez part de vos doléances. Je ne peux vous donner son nom. Vous saurez par la télé mardi.*"

Ce fut Michel Dupuy, la plus grande nouille de l'histoire culturelle canadienne. Plusieurs ne le savaient pas encore, sûrement pas Chrétien. Le nouveau ministre fit sonner mon téléphone le vendredi même. Me commanda un rapport... J'ai développé sur les idées ci-haut énoncées. Principes. Programme improductif. Modifications essentielles.

Six mois plus tard, je reçois une lettre d'un fonctionnaire du ministère. Rien ne changera au DPP. Le fédéral des libéraux ne va pas rendre juste et productif un programme instauré par le fédéral des conservateurs ou bien ça lui coûterait trop de votes. Les narco-récompenses aux auteurs d'occasion et à ceux de "stupid elitist bullshit" sont beaucoup plus rentables électoralement que mes propositions, même si ce que je prône serait bien plus rentable pour le pays.

Je me fâche. J'écris aux Chrétien. Ils transmettent mes doléances cette fois aux fonctionnaires du bureau du Premier ministre. Quelques mois plus tard, je recevrai une lettre parfaitement odieuse de la part d'un certain Jean Carle, un bandit dans le coeur, bouché des deux bouts, méchant, inhumain, pitoyable aussi bien qu'impitoyable et d'une abjecte malhonnêteté intellectuelle. Il m'abreuve de reproches dont celui "d'attaquer abusivement mon pays pour lequel je devrais plutôt avoir de la reconnaissance pour les sommes que je touche alors via le DPP". À mes arguments voulant que la concurrence subventionnée nuise considérablement à mes ventes, il répond que je n'ai qu'à développer mes marchés et que l'État n'a rien à y voir... Faut le faire!

Je fonce dans l'année 1995 et me rive le nez en décembre au mur de l'infarctus.

Quelques jours après mon opération en 1998, le téléphone sonne. Un fonctionnaire du ministère du Patrimoine me dit:

–Je vous appelle à propos de votre projet.

–Mon projet?

–Celui dont m'a parlé madame Copps.

Le dernier contact entre moi et Ottawa, ce fut la lettre de Jean Carle en 1995. Je patine. La voix explique:

–Monsieur Chrétien a parlé de vous à madame Copps. Et de votre projet. Vous pouvez nous en parler?

–Sûrement, je vous envoie ça par courrier.

Et je me mets à la tâche et bâtis un projet. Inutile, je le sais, de revenir à la charge pour faire modifier le programme DPP et le rendre juste et productif pour le pays. J'élabore donc un projet d'adaptation de ma série de romans les *Rose* à la télé. Il me semble qu'une femme de 50 ans qui se libère en 1950, cela pourrait donner lieu à une comédie de moeurs intéressante pour le public. Et puis le public m'a suivi toutes ces années même si les ventes ont chuté en raison du prêt public et de la concurrence massive hautement subventionnée. Mais que peut y faire un ministère? On y a devoir de non-intervention pour éviter les conflits d'intérêt. Je n'ai rien à perdre, ne serait-ce que de mettre des maisons de production devant l'idée, devant l'oeuvre. Peut-être qu'une petit mot de la reine Aline et du roi Jean?...

Le projet est envoyé. Les fonctionnaires se le transmettent comme une sorte de patate chaude et il atterrit devant François Macerola de Téléfilm Canada. L'homme me met en contact avec des maisons de production. Résultats: nuls. Dans une culture imposée d'en haut, mes 237,000 ventes et leur circulation publique n'impressionne personne. Que cela ait été réalisé sans l'effet-mouton médiatique, sans subventions, sans la banque, sans aide ou à peu près, n'impressionne personne non plus. On n'est pas aux États-Unis ici; on est dans un pays bureaucratisé à l'extrême et on n'en a rien à cirer des francs-tireurs de mon type.

Les producteurs millionnaires qui pigent à même les coffres de l'État ne répondent même pas au courrier qui leur est adressé par les créateurs. Ils n'ont aucun respect du public, aucun respect de la culture. Des séries télévisées se décident comme ça sur la chaise du barbier Ménik. On sait que toutes les portes s'ouvriront, que les millions publics seront là, à portée de la main, dans la crèche devant soi. Au diable la balance, au diable le public: il mangera ce qu'on lui donne à manger! On lui servira des justificatifs faits de cotes d'écoute sans mentionner sa captivité des réseaux bien entendu.

Nouvelle lettre à la reine Aline.

Le téléphone sonne. Jean Pelletier, le bras droit de Jean Chrétien, me donne rendez-vous à l'hôtel Bonaventure de Montréal le 5 février 1999. Je lui prépare un dossier étoffé. Je lui montre ma détresse financière provoquée par l'État et ses programmes. Je lui explique tout d'un travers à l'autre. Mes chiffres de ventes avant l'intervention massive de l'État dans la chose du livre et après. Le prêt public avant l'intervention massive de l'État et après. L'improductivité du DPP et l'injustice de ses principes.

La reine Aline vous aime bien, me dit-il. C'est elle qui

102

m'envoie à votre rescousse.

Trouvez-moi un emploi que je me libère du BS et que je puisse écrire en paix tout en gagnant mon pain. N'ai-je pas mérité mon droit au travail, mon droit d'écrire?

J'aurai droit à sa carte. Et plus de nouvelles de l'année.

Autre lettre à la reine fin 1999.

Autre appel téléphonique.

"*Je suis Jean-Louis Roux, directeur du Conseil des Arts du Canada. Le Premier ministre me dépêche chez vous pour connaître l'état de votre situation.*"

Rendez-vous est pris pour le 16 janvier 2000.

L'homme vient passer l'après-midi chez moi à Victoriaville. Il est d'une grande politesse et d'une grande gentillesse, bien entendu. Je remets tout sur la table une fois encore. Je reviens à la charge à propos du DPP. L'homme ne connaît pas le dossier et ne peut répondre à mes questions. Et retourne satisfait. Sa mission est remplie, accomplie.

Quelques semaines plus tard, il me fait part dans une lettre des intentions du gouvernement de ne pas changer d'un seul iota les façons de faire quant à la compensation aux auteurs via le DPP.

Voici cette lettre...

Monsieur Mathieu,

Je me rappelle toujours avec grand plaisir la longue entrevue que nous avons eue ensemble le 16 janvier dernier. J'en suis sorti avec une meilleure connaissance d'un être à plus d'un égard fascinant.

Je me permets de passer en revue les quelques sujets dont nous avons discuté, en y apportant quelques éclaircissements qui, je l'espère, vous seront utiles.

Subventions aux écrivains...

(Passons ce chapitre qui se résume à une adresse pour demander une subvention. Moi, c'est une compensation juste pour la circulation de mes ouvrages que je recherche.)

Aide à l'édition de livres

... pour devenir éligible à l'aide à l'édition, il vous faudrait publier d'autres auteurs que vous-même, dans une proportion de 50%...

Subventions à la traduction.

Vous ne seriez éligible à une telle subvention que par l'intermédiaire d'un éditeur...

Droits de prêt public.

*D'abord, contrairement à ce que vous croyez, il n'y a pas que des bibliothèques universitaires qui soient consultées par cette Commmission. **Par exemple**, voici la liste des bibliothèques francophones qui l'ont été en 1997-1998. (Liste dont 2 universitaires)*

Donc trois bibliothèques publiques.

(J'aurais préféré des chiffres sur 15 ans plutôt qu'un exemple défavorable à ma thèse.)

Les raisons qui ont amené la Commission du droit de prêt public à tenir compte de la simple présence d'une oeuvre dans le catalogue d'une bibliothèque, plutôt que de l'utilisation qu'en font les usagers sont multiples.

Avant tout, la Commission ne voulait pas refléter la situation du marché du livre en dédommageant exclusivement des auteurs d'oeuvres populaires au détriment d'oeuvres culturellement significatives, mais qui sortent moins fréquemment des rayonnages. Ceci est une question de principe, à laquelle vous serez sans doute sensible.

Il faut également ajouter qu'un programme fondé sur l'utilisation des oeuvres, par les usagers des bibliothèques, est extrêmement coûteux. Au Royaume-Uni, par exemple, où prévaut un tel système, la Public Lending Right Commission doit équiper les bibliothèques à ses frais, pour répondre à cette exigence. Si nous procédions de même, au Canada, des sommes assez considérables seraient dépensées en administration, plutôt que d'être remises aux écrivains.

Enfin, pour assurer le succès du programme, la Commission a besoin de l'accord et de la collaboration sans réserve des bibliothèques concernées. Il a donc fallu opter pour le programme le plus simple possible, qui n'impose absolument aucune surcharge administrative, ni financière aux institutions. La Commission peut maintenant échantillonner les catalogues, sur Internet, sans intervention de la part des bibliothèques. Ce qui ne saurait être le cas si le programme était basé sur le nombre de fois qu'un livre sort des rayonnages.

Veuillez m'excuser de vous écrire une si longue lettre. J'espère seulement que les renseignements et les explications qu'elle contient sauront vous être utiles.

En attendant le plaisir...
Jean-Louis Roux.

Tous ces arguments sont fallacieux, vicieux et bafouent les règles élémentaires de la justice et de la démocratie. Ce sont d'ailleurs les mêmes (sauf celui concernant Internet) qu'en 1986. M. Roux ne les connaissait pas lors de sa visite chez moi. On les lui a servis à sa prochaine présence-tablette au Conseil des Arts. Il a gobé sans s'opposer. Comment le pourrait-il?

Il est clair que l'État veut par ce programme imposer une culture que le peuple payeur ne souhaite pas avoir. C'est ça, notre démocratie.

400$ de plus par année pour une Denise Bombardier* et son chef d'oeuvre 'culturellement significatif', ça n'a pas la moindre signification culturelle puisque la dame écrira sans ça et que son sort ne va pas s'améliorer à cause de ça. (*Certes, ses travaux sont accessibles au grand public, mais ils devraient cesser de valoir de l'argent public quand ils cessent d'être lus parce que ceux qui avaient à le lire l'ont fait.)

Pourquoi tous mes livres après le 8e sont-ils classés non méritants par le programme?

Ottawa préfère habiller Paul au détriment de Pierre. On a décidé à Ottawa de récompenser les auteurs d'occasion et leur "stupid elitist bullshit" plutôt que de simplement faire justice aux auteurs de profession dont je suis.

Ottawa a tout fait pour me détruire; Québec n'a rien fait pour me construire.

Sans l'intervention de ces incapables dans le domaine, je serais au moins millionnaire. Je ne demandais que le droit de travailler que j'ai amplement mérité.

Ffffff... je ne veux même plus en parler.

Les Chrétien m'ont envoyé l'ascenseur à cinq reprises. Pour essayer, ils ont essayé. Et s'ils s'étaient occupés de tous les Canadiens autant que de moi, il leur aurait fallu vivre leur vie en années-lumière et pas en années linéaires. Cinq fois les fonctionnaires m'ont empêché de le prendre, cet ascenseur. Ce n'est pas par dérision que j'écris la reine Aline, mais pour en arriver à situer l'absolutisme royal là où il se trouve réellement.

En fait l'absolutisme royal n'est pas celui des Chrétien, mais des fonctionnaires. Eux mènent. Eux mènent à leur façon malgré les voeux de la reine et du roi. Ce sont les fonctionnaires dictateurs, les fonctionnaires tout-puissants auxquels rien ne résiste, les fonctionnaires qui se moquent du peuple et le traitent avec dédain, avec mépris. Une race maudite. Une race à défenestrer.

De reine et de roi, il n'y a pas à Ottawa.

Mais il y a un absolutisme royal.

Le cancer de la démocratie, c'est la bureaucratie.

Et je commence à penser que ce sera aussi son principal fossoyeur. Ça l'est déjà...

Aux détracteurs de Chrétien, je dis ceci: pourquoi m'aurait-il dépêché 5 émissaires (missionnaires???) s'il n'avait pas été sincère? Dont l'un qui s'est même rendu chez moi à Victoriaville un dimanche de tempête de janvier 2000. Mais les fonctionnaires ont noyé le poisson, se sont débarrassés de la patate chaude sans lui porter attention tout en faisant semblant de lui prêter oreille.

Voilà qui démontre une fois encore que l'absolutisme royal de la machine bureaucratique incarnée (tant qu'on voudra) a mis à sa botte le pouvoir des "monarques" d'apparat que nous garantissent les élections.

C'est cela, la grande tragédie canadienne.

C'est une autre partie de cette même machine qui est à l'origine et responsable de la grande arnaque du 20e siècle.

C'est une autre partie de la même machine qui maintient la mécanique à pauvreté, qui la souhaite, la gère, l'utilise pour faire mieux marcher (selon elle) l'ensemble des engrenages étatiques.

C'est la grande machine bureaucratique qui est à l'origine de l'installation du Tiers-Monde canadien.

Un ennemi de la nation.

La loi nous oblige à faire ce qui est dit, non ce qui est juste.
Grotius

Un système qui ne te digère pas te vomit.   Moi-même

***

9

Broyé par la machine

En 2000, j'ai pu enfin m'échapper des griffes du BS.

Comme j'étais dans le collimateur des fonctionnaires du bureau de Victoriaville depuis quelques mois, voilà une évasion qui est devenue à leurs yeux pétillants d'intelligence un signe évident de fraude. Car on ne peut pas se soustraire à la machine à moins de se trouver un emploi. On sait bien qu'au travailleur autonome, la machine ne laisse aucune porte de sortie, aucun espoir et le laisse enchaîné dans ses basses-fosses tout en se targuant de mesures qui lui laissent de l'oxygène comme de lui permettre des dépenses non 'remboursables': du vermicelle. Encore moins de respect, car c'est foncièrement de ce manque de respect de la personne humaine par le système BS qu'il s'agit, quand la 'victime' est un vieux de 58 ans. Cardiaque et deux fois failli.

On me convoque au bureau pour évaluation de mon dossier. En fait il s'agit d'une réévaluation. On veut absolument établir la preuve que je dois des sommes importantes au BS afin de me ramener **à l'intérieur** de la machine. C'est le même procédé en prison quand on veut garder quelqu'un; suffit de le provoquer et de le faire gaffer pour prolonger sa

109

peine. Toutes les tyrannies utilisent ce procédé depuis l'aube de l'humanité.

J'ai donc à rencontrer l'enquêteuse (pardon enquêteure) qui a fait le tour de Victoriaville et clamé partout que je suis sous enquête pour fraude à la SS. Des gens m'ont averti. Il en reste dont le coeur n'est pas encore piqué par le ver du préjugé.

Je m'amène donc au bureau du BS, armé de deux magnétophones de poche. L'un, visible, que je tiens à la main.. Je me fais aussitôt intimer un ordre par madame Boilard, fine fleur des enquêteures du BS. Son visage s'assombrit quand elle aperçoit le magnétophone:

—Pas question d'enregistrer.

—Et pourquoi?

—Vous avez droit à un avocat, mais pas question d'enregistrer l'entrevue.

—De quoi avez-vous peur?

Bête comme ses pieds, elle s'entête. Je viens de lui donner tout beau, tout frais, un moyen de me casser, de me faire obéir, de m'agenouiller. Je joue son jeu et vais appeler un avocat, sachant d'avance qu'il n'en viendra pas.

—Il vous faut faire une demande en bonne et due forme, de me dire une secrétaire à l'aide juridique.

Je mets mon second magnétophone en marche et retourne auprès de la fonctionnaire qui est secondée par une jeune assistante plutôt malpropre et au regard assassin. D'emblée, je lui préfère l'autre qui aussitôt me fait ouvrir mon premier magnétophone pour être sûre que la cassette n'enregistre pas.

Et l'interrogatoire commence. Dans le plus pur style de la Gestapo. On exhibe devant ma face des photocopies de couvertures de mes livres. Des menaces sont sans arrêt mélangées sans cesse à la conversation. On veut des aveux. Et c'est tout ce qu'on veut. On joue sur ma culpabilité. On tourne, on avance, on recule, on revient et toujours on veut des aveux. En fait, je ne suis pas blanc comme neige puisque j'ai vendu des inventaires que je possédais depuis avant le BS. Mais j'ai considéré que cet argent ne devrait pas faire davantage problème que la maison possédée par un autre BS, qui y a droit pourvu que sa valeur n'excède pas 80,000$. (Ce qui réduit ses frais de logement, tandis que je dois, moi, payer plein prix mon loyer.) Mais il y a aussi deux autres problèmes insolubles... Les encans et les faux dépôts... On y revient plus loin.

–Ce n'est pas la même chose. Vous aviez devoir de nous renseigner sur toutes vos entrées d'argent.

–Même un prêt personnel?

–Tout. L'État paye, l'État doit savoir.

–Quelle est la loi à cet égard, madame?

–Je ne vais pas commencer à vous expliquer la loi.

–Vous administrez la loi, une loi à laquelle je dois me conformer; je vous demande de me l'expliquer et vous refusez de le faire? Nul n'est censé...

–Quand je suis entrée ici, monsieur, il a fallu que je me la tape durant une semaine, la loi. Elle est épaisse de même.

–Comment voulez-vous que je la connaisse, moi, alors?

–On vous demande chaque mois s'il y a un changement dans votre situation. C'est ça que vous devez savoir de la loi, rien d'autre.

–J'ai répondu qu'il n'y avait pas de changement à la situation et il n'y en avait pas.

On revient à la charge: agressivité combinée de deux chiennes pit-bull qui ne veulent absolument pas lâcher le morceau. L'objectif est désigné d'avance et elles y vont coûte que coûte.

En le racontant maintenant, j'ai l'air bien en contrôle, mais au fond de moi, j'étais blanc comme un drap, en tout cas dans l'âme.

À force de grafigner (comme je l'ai fait ressortir dans ce livre jusqu'ici), j'arrivais au bord du trou, tout proche de m'en sortir, et voilà que l'entêtement de cette tortionnaire aveugle qui veut à tout prix justifier son poste, son salaire et le déclenchement de son enquête, risque de me faire glisser de nouveau au fond, au fin fond du gouffre. Avec cette fois très peu d'espoir de jamais m'en sortir.

—Je n'ai de compte dans aucune imprimerie de livres au Québec, madame. Pas une.

—Vous avez reçu des chèques par la poste...

Voilà un autre chat qui vient de sortir du sac. Dès le printemps, je redisais chaque semaine à des proches que j'avais le sentiment qu'on fouillait dans mon courrier. Chaque fois, pas très souvent, qu'il m'arrivait un petit chèque dans une enveloppe de sécurité, celle-ci semblait avoir été ouverte du coin. On sait qu'il suffit d'une petite ouverture et de deux broches à tricoter pour obtenir le renseignement voulu. Un amateur peut le faire en un tournemain pour ne pas dire un tournebroches...

—Et vous avez trouvé où j'ai fait imprimer mes livres comme vous le supposez?

—C'est vous seul qui répondez aux questions ici, pas moi. Taisez-vous et répondez aux questions posées.

Et ça se poursuit. Et j'imagine tous ces autres qui comparaissent ainsi et qui crèvent de peur parce qu'il leur faut nourrir des enfants ou simplement parce qu'elles doivent survivre. Je connais une femme qui fait des ménages pour pouvoir arriver (et traverser la barrière du minimum existentiel consenti par l'État à un soupçon de décence) et qui s'est fait prendre. On l'a fait pleurer. On l'a coupée. On l'a désespérée, affamée. **Telle est la machine à pauvreté administrée par des fonctionnaires tortionnaires** pour le plus grand plaisir de la bassesse humaine de nos générations.

Tout ça dans un pays qui fait pleuvoir les subventions à des entreprises sélectionnées, comme les éditeurs par exemple, qui le sont mur à mur, ainsi que je l'ai écrit.

Petit retour en arrière. En 1996, une connaissance de naguère me contacte et me propose de travailler dans le domaine des encans. Inspection de lots. Vidéo. Soumission. Préparation et tenue de la vente.

Ce à quoi je tiens le plus au monde, c'est mon écriture. J'en ai la passion. Je veux poursuivre jusqu'à ma mort. Et ce n'est pas une promesse en l'air puisque les preuves sont là. Mais comme les gouvernements ont pourri le domaine, il me faut un revenu d'appoint pour survivre et pouvoir publier. L'occasion est belle. On me fait reluire la perspective d'une demi-carrière payante. Je serai libéré des griffes du BS. J'accepte. Mais je ne peux en informer le BS tout de suite. On me coupera aussitôt et je perdrai mon temps. (Voir chapitre sur la crucifixion.) Et je n'arriverai pas. Je dois savoir si la réalité est à la mesure du rêve. Je dois sonder l'emploi et le miroir présenté...

Le gros problème, c'est que je dois ouvrir un compte à mon nom. L'encanteur de Montréal y déposera des sommes

113

parfois jusqu'à cent mille dollars. Et le jour suivant, le compte est vide puisque l'argent sert à acheter un nouveau lot de faillite, restaurant, usine ou autre.

Je sais que si le BS voit de telles entrées et sorties, ce sera l'enfer sur terre. Je me dis que pour son bien et le mien, il vaut mieux que je travaille jusqu'au jour où je volerai de mes propres ailes. Rien au monde n'est plus agréable que de faire parvenir au BS une lettre leur disant qu'on n'a plus besoin de leurs 'services'. Je l'ai fait en 1990; quel énorme soulagement! Quelle victoire! Incroyable, ce mélange de sentiments à ce moment-là! Qui ne l'a pas vécu ne le saura jamais.

Ça n'a pas marché, les encans. J'ai fait une douzaine d'inspections donc travaillé une douzaine de jours dispersés sur plusieurs mois et l'entreprise a fini par ne pas lever. Tout s'est passé en 97-98 alors que je souffrais d'une angine grave puis que j'ai subi des pontages en mars 98. Quelques inspections de lots par la suite et ce fut tout.

(D'aucuns auront du mal à croire qu'une vieille connaissance sortie des boules à mites dépose aussi aisément des sommes pareilles sur un compte à mon nom et pourtant, c'est la vérité. J'avais travaillé en étroite collaboration avec ce gars-là au début des années 80 et il savait qu'il pouvait me donner absolue confiance. Je sais que le BS n'en fera pas autant. Faut dire aussi que cet homme était un Juif. Pas sûr qu'un Québécois...)

Et devant ma pit-bull, en tâchant de parer les coups et de répondre sans me compromettre, je pense à cette "faute" légale que j'ai commise et qui m'aura valu 1,200$ de revenu supplémentaire. Comme on a droit à 100$ par mois de plus que le chèque de base du BS... Je me sens tellement coincé que je finis par révéler cette omission survenue en 1997-

1998 en me disant que de toute façon, on allait la découvrir. Ce fut leur jouissance à ces deux louves de la SS. Un éclat étrange sur leur visage...

Je venais d'avouer des affaires faites. Elles ne seraient pas longues à me forcer à remplir des papiers questionnaires couvrant toute la période de 1995-2000.

Un deuxième problème me chicotait. Sur une période de plus d'un an, quelqu'un avait joué sur un compte que j'avais à dormir depuis longtemps dans une caisse populaire. Dépôt de salaire le matin; retrait le soir. Je l'ignorais. Le compte dormait. Du moins je le pensais. Un jour, je vais prendre lecture et je découvre près de 500$. Et je me traite de tous les noms, de négligent d'avoir ainsi laissé dormir pareille somme etc... J'en prends la moitié. Quelques jours plus tard, la caisse m'envoie une lettre me disant que mon compte est à découvert de 249$ et de voir à remettre cette somme illico ou bien il m'en cuira. On croirait rêver. Je vais mettre le livret à jour et je découvre qu'à une douzaine de reprises, on a effectué sur mon compte des dépôts salaires allant parfois jusqu'à mille dollars. Je me fâche. Que le BS découvre ça et je suis fait. J'alerte JE à TVA et j'écris une lettre d'invectives à la caisse. On m'appelle. On s'excuse. On me dit que c'est une erreur. Que ça n'arrivera plus. Même que si je retire mon alerte à la télévision, on me laisse les 249$, ce que l'on confirme par lettre. (À ceux qui ne croiraient pas mon histoire invraisemblable, je peux envoyer une photocopie de la dite lettre à l'en-tête de la caisse et dûment signée.)

Ça aussi, je finis par le révéler à l'enquêteure. D'ailleurs, j'ai la lettre avec moi dans un dossier complet que je tiens sur mes relations avec le ministère de la pauvreté, et la lui montre.

–Pas de problème, vous n'aurez qu'à l'indiquer dans vos

déclarations.

–Sauf que les 249$, c'est un revenu non déclaré, dit aussitôt sa collègue au regard triomphant. Même si vous avez droit à un revenu supplémentaire de 100$ par mois, les 149$ excédentaires auraient dû vous être coupés de votre prochain chèque.

Ça un pays! Ha ha ha ha...

Afin de me libérer de la contrainte morale que je subis, je signe une déclaration qui résume l'entrevue et qui contient que j'ai fait des affaires, ce qui, –et je n'y songe même pas sur le coup– pave la voie à n'importe quelle conclusion de leur part. Tandis que moi, je pensais à cette histoire d'inspections de lots de faillite et à quelques ventes à même mes vieux inventaires, le tout n'excédant pas les 100$ permis à chaque mois...

Non, mais avez-vous pensé que j'ai près de 60 ans, que j'ai travaillé sans arrêt depuis 1961 soit 39 ans, que j'ai produit une quarantaine de livres, que j'ai été déculotté par les gouvernements et leurs programmes irréfléchis, improductifs, absurdes et discriminatoires, que je ne possède rien sauf un véhicule de 2000$ et de vieux meubles, que j'ai subi trois pontages coronariens pour avoir trop poussé la machine en 1995, et que me voilà à me disputer avec une fonctionnaire bornée, butée, bête, idiote, méchante, et ce, pour quelques centaines de dollars que l'État voudrait récupérer pour les donner à des patentes à gosses à subventions?

Quand plus loin, dans un autre chapitre, je dirai que j'ai déclaré la guerre à ce pays, allez-vous comprendre? Ça vous fera peut-être rire, mais attendez de lire comment on peut faire la guerre à un pays même quand on est seul contre lui et contre tous...

Je retourne chez moi et je remplis les formules comme il se doit, c'est-à-dire à zéro. Je n'ai pas fait de business à part les inspections de lots d'encan et quelques ventes de vieux stocks, ce que je redis en expédiant les formules. Et je me dis qu'on va classer le dossier. Je me suis retiré volontairement des listes du BS comme en 90 et avec du nouvel argent amical (que le BS m'avait demandé de prouver et que j'ai prouvé), je me suis relancé une fois encore. Dès que les sommes ont commencé d'entrer, j'ai "démissionné" du BS.

Mais il semble que le BS veut **me rattraper**. Un mois plus tard, je reçois, cette fois de la part de l'agent attitré à mon dossier, une lettre terriblement **menaçante** et d'une absurdité qui confine aux méthodes de l'Inquisition ainsi que je l'ai démontré au chapitre 7. Reprenons l'extrait déjà cité.

*"Veuillez considérer cette lettre comme étant le dernier avis pour déposer vos documents. Ceux-ci sont nécessaires à l'évaluation de l'aide accordée depuis 1995. **À défaut de fournir ces documents, nous serons dans l'obligation de réclamer la totalité des prestations qui vous ont été versées**."*

Ou bien tu nous fournis la corde pour te pendre ou bien on te pend quand même. Alors je me fâche. Et voici ma lettre en réponse à la leur.

Solidarité Sociale
Att: M. Alain Rheault
62, St-Jean-Baptiste 1er
Victoriaville
G6P 4E3

Monsieur,

Suite à la vôtre du 3 novembre 2000, voici ma réponse à votre requête **impossible**.

Je vous ai déjà rempli des formules exigées par madame Boilard quant à mes activités **présumées** de travailleur autonome couvrant la période de 1995-2000. Toutes ces formules furent remplies à zéro. Et voici que vous me commandez sous la **menace** de me réclamer l'équivalent de $ 50,000. de vous fournir des documents qui n'existent pas (factures, contrats, pièces justificatives établissant revenus et dépenses entre 1995 et 2000).

Votre texte se lit comme suit:

VEUILLEZ CONSIDÉRER CETTE LETTRE COMME ÉTANT LE DERNIER AVIS POUR DÉPOSER VOS DOCUMENTS. CEUX-CI SONT NÉCESSAIRES À L'ÉVALUATION DE L'AIDE ACCORDÉE DEPUIS 1995. À DÉFAUT DE FOURNIR CES DOCUMENTS NOUS SERONS DANS L'OBLIGATION DE RÉCLAMER LA TOTALITÉ DES PRESTATIONS QUI VOUS ONT ÉTÉ VERSE (sic).

Voici ma réponse.

Je ne peux vous fournir les documents demandés PARCE QU'ILS N'EXISTENT PAS. Et voici pourquoi ils n'existent pas, ce qui constitue une troisième **redite** après celles à madame Boilard lors de ma comparution du 12 octobre et dans ma lettre d'accompagnement des documents (formules) relatifs à mes activités **présumées** de travailleur autonome depuis 1995.

Les faits sont les suivants.

1. Je me suis présenté à l'aide sociale suite à une faillite personnelle en 1994. Faillite amenée par l'intervention massive des gouvernements en faveur de ma concurrence, les éditeurs

subventionnés.

2. En 1995, je fus victime d'une attaque cardiaque.

3. En 1998, après une longue attente, je fus opéré pour un triple pontage coronarien.

Durant la période 1995-2000, des livres écrits par moi furent publiés par des entreprises qui ne sont **pas André Mathieu**. Ces livres se sont avérés **non rentables** pour ces entreprises qui ont depuis soit fermé leurs portes soit failli. Tout ce que j'ai touché, ce sont des surplus de livres que je possède toujours. J'ai expliqué à votre enquêteure la **non-rentabilité** d'un livre par la faute de l'intervention massive des gouvernements en faveur des éditeurs subventionnés. D'autres intervenants du monde du livre le lui ont expliqué aussi selon **son propre aveu** lors de ma comparution du 12 octobre. Pourquoi votre acharnement à penser que j'ai fait de l'argent avec mes livres? Vous me croyez magicien ou quoi?

Il vous suffirait de faire le tour de tous les imprimeurs de livres au Québec pour constater que je n'ai de compte ouvert nulle part depuis **1992**. (Vous préférez accuser et juger du même souffle.)

Ce que j'ai avoué comme entrées de fonds non déclarées dans la période 1995-2000 sont 10 jours d'inspection de lots d'encan pour lesquels j'ai touché environ $500. répartis sur l'année 1997-1998. Aussi quelques ventes de livres à même mon vieil inventaire et qui ont totalisé quelques centaines de dollars sur une période de plusieurs années.

J'avais obligation de déclarer ces sommes négligeables et je ne l'ai pas fait en me disant que de toute façon, j'avais droit à un revenu additionnel de $100. par mois. Pour cette faute de légère omission, vais-je subir une réclamation à l'aveugle et à l'arbitraire de $50,000.?

Je vous fais parvenir le seul document qui soit en ma possession soit mon livre de caisse le plus récent. Personne ne m'a jamais dit que j'avais obligation de conserver en ma possession les précédents ou quoi que ce soit d'autre. À ce propos d'ailleurs, vous, monsieur Rheault à notre dernière rencontre ainsi que madame Boilard, **avez refusé à deux reprises** de m'informer à propos de la loi à laquelle doivent obéir les prestataires. Nul n'est censé ignorer la loi et ceux comme vous qui ont pour responsabilité de l'administrer ont pour **devoir** d'en informer ceux qui en font l'objet quand ils en font la demande.

Maintenant, passons aux choses plus **sérieuses**. Cette épée de Damoclès que par votre lettre du 3 novembre 2000 vous suspendez au-dessus de ma tête, c'est aussi et **surtout au-dessus de la vôtre et de celle de tout le bureau de Victoriaville** que vous la suspendez.

Me réclamer $ 50,000. sans aucune preuve contre moi et simplement sur mon défaut de vous fournir des documents que vous supputez devoir exister relève de l'**abus de pouvoir**, du chantage à la peur dans des procédés moyenâgeux qui ne sont pas sans rappeler ceux de l'**Inquisition**. Vous savez en quoi consistait l'**ordalie**? On accusait un homme d'un crime et pour lui faire prouver son innocence, on lui plongeait la main dans l'eau bouillante. Si les chairs ne brûlaient pas, le gars était non coupable, si elles brûlaient, il était coupable.

Vous m'ordonnez de vous fournir des documents qui n'existent pas ou bien il m'en cuira et avez la précaution de vous défendre personnellement des conséquences malheureuses (pour moi) en disant que vous aurez l'*obligation de....* On peut comprendre pourquoi quelqu'un de brillant loin au-dessus de vous a désigné votre ministère celui de la **SS**. Votre façon de procéder n'est pas sans rappeler aussi les méthodes SS de l'Allemagne nazie.

Je regrette, mais vous n'avez pas affaire au premier venu de votre clientèle habituelle, gens que par ailleurs je respecte et dont le sort m'attriste au plus haut point. Vous faites marcher ces pauvres gens à coups de menaces, en misant sur leur **peur maladive et justifiée** du lendemain et leur faites vivre un véritable **enfer psychologique**. J'ai suivi vos travaux indignes depuis plusieurs années à travers d'autres cas que le mien. Et j'ai accumulé sur vous un dossier pas mal plus étoffé que vous ne sauriez le croire.

Devant la situation présente, deux possibilités s'offrent à vous avec leurs conséquences heureuses ou malheureuses pour vous et pour la société, que votre action provoquera.

1. Ou vous me **câlicez** la paix avec ce dossier, considérant que j'en arrive à peut-être pouvoir m'en tirer seul via une **réorientation de carrière**. Et ainsi, vous ne me versez plus aucune somme dans les années qui viennent, d'où une économie d'au moins $50,000. pour l'État.

2. Ou vous me réclamez de manière totalement aveugle et **arbitraire** des sommes que je ne peux verser, ce qui ne me laissera d'autre choix que celui de faire faillite une fois de plus. ET DE RETOURNER A L'AIDE SOCIALE pour les années qui viennent jusqu'à ma pension de vieillesse dans 6.5 ans. Mais ce n'est pas tout. Une fois revenu sur le B.S., je prendrai les services d'un avocat de l'aide juridique et vous poursuivrai... jusqu'en enfer s'il le faut. Pour **abus de pouvoir**. Pour condamnation sans preuves. Pour réclamation arbitraire de documents qui n'existent pas. Pour méthodes inquisitoires de type SS. Pour nuisance à l'État et à la société québécoise et canadienne. Pour négligence et incompétence dans la gestion des biens publics.

Et surtout, je vais tout mettre en oeuvre pour rendre publique cette cause et tout ce qui l'entoure. Vous vous attirerez la **réprobation publique**, vous du bureau de Victoriaville. Je vais publier tout ce que j'ai à votre propos sur internet et par communiqués aux médias. Si l'opinion vous est généralement favorable, à vous les petits tortionnaires de la SS, je ne suis pas certain qu'elle le demeurera quand on saura que vous vous en prenez aussi perfidement à un homme de près de 60 ans, cardiaque et dépourvu de moyens, et qui de surcroît a fourni à sa société 41 ouvrages très utilisés via le prêt public.

Vous risquez aussi de vous attirer la **réprobation** de vos propres **autorités** du Ministère.

Vous risquez de vous attirer même la réprobation des **autres bureaux** de la SS du Québec sur qui vous contribuerez à jeter un discrédit important.

Quand on songe que madame Boilard a dit lors de notre rencontre du 12 octobre qu'elle avait "senti" quelque chose à l'examen de mon dossier... parce que mise en alerte par la vue de livres de ma plume en certains lieux publics, y a de quoi **s'étonner** pas à peu près. Cette dame enquête sur du **"senti"**... Comme ça ressemble à du **Columbo**! On se fie aux **apparences** et on fonce dans le tas en sachant bien que la justice est de son côté puisqu'on est du côté du gouvernement. Et aux apparences premières qui s'avèrent non fondées, on découvre ensuite les apparences de mon site Internet et là, on crie victoire et on convoque le gars pour l'accuser et le clouer au pilori. Et qu'importe le tort causé à la victime car on pourra en dernier recours, faute d'avoir fait son travail efficacement, lui dire comme vous me le faites dans votre lettre: **"Prouve-nous que t'es coupable ou bien on te déclare coupable."** Même si tout cela est totalement **improductif** et terriblement **coûteux** pour la société et pour le gouvernement.

Saviez-vous qu'il sort régulièrement des livres écrits par Yves Thériault et que le pauvre homme a rendu le dernier soupir depuis pas mal de temps déjà? Mais vous ne devez pas connaître Yves Thériault... Aussi des Hugos qui sortent régulièrement et le gars est mort vers 1882. Et combien d'autres!

Comment vous et madame Boilard pourrez vous expliquer à tous **votre refus** de m'informer quant à la loi sur le B.S? Et vous espérez peut-être le nier et croire que ce sera votre parole contre la mienne? C'est ce qu'on verra. Je possède en lieu sûr un enregistrement de toute mon entrevue avec **vous**, monsieur, et un autre de ma rencontre avec madame Boilard qui a cru naïvement qu'un auteur de 41 livres était assez idiot pour n'avoir sur lui qu'une seule machine à enregistrer. Et pourquoi cette dame enquêteure a-t-elle été prise d'une véritable **peur panique** quand j'ai exhibé un de mes magnétophones lors de ma comparution? Pour que personne ne se rende compte des méthodes pour le moins discutables qu'elle est capable d'utiliser **contre** les prestataires? Et pourquoi a-t-elle sommé des gens de librairie de comparaître devant elle pour témoigner contre moi tandis qu'elle ne s'est même pas présentée à son rendez-vous? Et moi, j'en ai supporté le blâme en partie... Un B.S. est forcément coupable de tout ce qui dérange à cause de lui... Quelle est la compétence de cette dame et quel est son sens de la responsabilité et du devoir? Sérieuse, cette femme qui dit avoir oublié son rendez-vous avec le libraire en question? Discutable...

Elle m'a dit d'écrire un **livre à propos du BS**, sans doute pour se voir quelque part glorifiée d'avoir rempli ses **quotas** et pour justifier son poste et son salaire? Eh bien, je vais peut-être la prendre au mot et le publier, ce livre, sur mon site web. Car en me réclamant $50,000. et ce faisant, en m'acculant à la faillite, vous me donnerez **tout le temps** de le faire. Privé de revenus que je pourrais avoir en me relançant malgré mon état de santé et mon âge, je n'aurai qu'à me laisser vivre sur le bras du gouvernement qui de toute façon n'y perdra rien puisqu'il me vole déjà légalement au moins $100,000. par an via le prêt public de mes ouvrages.

J'ai comme envie, je dois l'avouer, de vous provoquer à la guerre afin de démontrer à tout le Québec à quel type de fonctionnaires on a affaire quand on est BS: à des gens farcis de préjugés et qui soutiennent et qui clament n'en pas nourrir. Vous êtes partis de l'hypothèse que j'étais coupable et tout le long du processus, vous exigez de moi des **preuves de ma propre culpabilité** faute de quoi vous me déclarerez **coupable de toute façon**... Si c'est pas de l'Inquisition ou la manière SS (ou kégébienne) de procéder, je me demande bien ce que c'est. Et je ne suis pas le seul avec qui vous agissez de cette façon déplorable: c'est un mal généralisé chez vous.

Je ne suis plus bâillonné par la peur du lendemain, la peur de perdre mon christ de BS et il me tarde de vous affronter devant la loi, devant l'opinion, devant n'importe quelle Cour de justice, devant n'importe qui en fait.

N'ayant aucune preuve **raisonnable et valable** contre moi, vous exigez que je vous en fournisse moi-même. Vous êtes trop paresseux pour vous mettre à la tâche d'en chercher qui soient le moindrement sérieuses.

Et puis en soulevant l'hypothèse (fausse et non fondée) que vous seriez en droit de me réclamer 5 ans de prestations, comment pourriez-vous expliquer votre parfaite **incompétence** pour en avoir versé pendant ces 5 années? Pour quelle sorte de bureau passerez-vous aux yeux du Québec?

Allez du côté de l'arbitraire et réclamez-moi ces \$50,000. que vous savez que vous n'obtiendrez pas d'un homme dénué qui ne possède rien et faites en sorte qu'il en coûte à l'État au moins \$50,000. de plus par mes prestations **obligatoires** après une nouvelle faillite que vous aurez délibérément provoquée et ce, jusqu'à ma pension, et c'est la réprobation de tous que vous vous attirerez.

Moi, dans tout ça, d'une façon ou de l'autre, déclaré coupable de votre part à la mode **SS** ou jugé innocent, j'ai tout à gagner et **rien à perdre**.

Fourrez-vous bien tout ça dans votre tête... Vous ne me ferez plus **jamais peur**, petits tortionnaires merdiques! Madame Lise *Columbo* Boilard et vous, monsieur Alain Rheault qui avez du mal à écrire et signer **votre nom**. Si c'est ça le type de fonction-naires qu'en est réduite à se donner la SS, on peut se rendre compte à quel point elle porte bien ses initiales.

Et que cette lettre susceptible d'être publiée comme le reste de mon dossier à votre propos permette à celles et ceux que vous faites tant souffrir avec vos méthodes à la violence froide, de se sentir soulagés un peu l'espace à tout le moins d'une heure ou deux, et d'apercevoir une lueur d'espoir au bout du long tunnel BS, un tunnel bâti par les gouvernements pour **canaliser** sur le dos des plus démunis la hargne de ceux dans cette société qui jugent mille fois plus importants leurs surplus, leur superflu et leurs petits biens matériels que **la santé des gens démunis** et même que leur vie.

Il y a 40% plus d'enfants pauvres en ce pays qu'en 1988 alors qu'on avait juré éliminer la pauvreté pour l'an 2000; une des raisons **majeures**, c'est que le BS est une véritable **fabrique de mendiants** tout comme les prisons sont des usines à criminels. Quand on lui tombe entre les pattes, on ne peut plus s'en sortir sauf si on est jeune et qu'on se trouve un emploi. Car le BS (ou SS) fait tout pour vous **rattraper** comme vous le faites avec moi en me condamnant sur les apparences et sans autre preuve que celles que vous avez décidez que je devrais, moi, vous fournir.

Si vous voulez la paix, fichez-moi la paix! Que je me mette résolument à la tâche de m'en sortir une fois de plus malgré l'**assassinat systématique** de ma carrière par les sales gouvernements qui gèrent si mal nos vies et qui à l'aide du **BS glorieux** (les subventions) enrichissent les affairistes du monde du livre tandis qu'ils réduisent les francs-tireurs comme moi à survivre de **B.S. honteux** ou à périr.

Et au lieu d'agir de façon à nuire à la société, agissez de manière à la servir intelligemment et à l'aider. Avant de vous embaucher, vous a-t-on demandé de bien réfléchir au véritable sens de ces deux simples mots: **Solidarité Sociale**? Ou bien si on s'est contenté de vous dire: *désormais, vous faites partie de la SS*?

Depuis des années que ces gouvernements me volent ma dignité et ma liberté, en plus de me voler mes travaux, mon talent et mes oeuvres, il se pourrait bien que ce temps-là achève...

CONSIDÉREZ CETTE LETTRE COMME MA RÉPONSE FINALE À VOTRE REQUÊTE IMPOSSIBLE ET PARA-DOXALE.

André Mathieu

Comme on doit toujours s'y attendre de la part d'un fonctionnaire, il n'est pas coupable. Jamais coupable. Il n'a rien à se reprocher. Souvenez-vous du "*vous attaquez abusivement votre pays*" de Jean Carle à Ottawa parce que j'ai formulé mes critiques à propos des interventions drôlement plus abusives des gouvernements, celles-là dans la chose du livre contre mon gagne-pain, mon droit au travail, ma liberté d'expression et la liberté d'entreprise.

Voici la réponse que j'ai reçue du petit patron du bureau du BS à Victoriaville qui s'est vaillamment porté, preux chevalier moyenâgeux, à la défense de ses lumineux adjoints.

125

Monsieur,

En réponse à votre lettre... il l'apparaît important de clarifier certains éléments.

*Comme déjà précisé par notre personnel, les interventions réalisées dans votre dossier, sont nécessaires afin d'établir votre admissibilité à l'aide de dernier recours. En effet, selon l'article 34 de la loi sur le soutien du revenu et favorisant l'emploi et la solidarité sociale <<**Une personne doit, pour se prévaloir du programme, en faire la demande au ministre et lui fournir tout document ou renseignement nécessaire à la vérification de son admissibilité ou à celle de sa famille et à l'établissement d'une prestation.**>> En outre, il semble que l'ensemble des informations relatives à votre situations vous ont également été transmises. Cependant, si des informations supplémentaires étaient nécessaires, nous nous ferons un devoir de vous informer.*

Le personnel du ministère de la Solidarité Sociale s'applique à administrer la loi sur la sécurité du revenu avec le plus de justice et d'équité possible pour tous les clients. Vous comprendrez donc, qu'il n'est pas possible de donner suite à votre proposition d'oublier la vérification de votre dossier. Ainsi, une réclamation devra être établie à partir des données que nous possédons.

Il se peut que certaines procédures ou décisions prises par le ministère ne vous conviennent pas. Nous comprenons alors que vous puissiez vouloir faire connaître votre désaccord, mais nous ne pouvons aucunement accepter que vous le fassiez, tel que dans votre lettre, sur un ton injurieux, grossier ou menaçant.

Je vous saurais gré à l'avenir, d'adopter un comportement respectueux envers le personnel.

Michel Lamontagne.

De quoi pleurer sur ces pauvres fonctionnaires du BS victimes du méchant BS que je suis. On voit bien où sont les vrais martyres dans cette société si bonne et si douce...

Regardons ça de près. En quoi le texte de l'article 34 ressemble-t-il à l'extrait terriblement menaçant de la lettre du fonctionnaire, que je reprends ici pour la troisième fois.

*"Veuillez considérer cette lettre comme étant le dernier avis pour déposer vos documents. Ceux-ci sont nécessaires à l'évaluation de l'aide accordée depuis 1995. **À défaut de fournir ces documents, nous serons dans l'obligation de réclamer la totalité des prestations qui vous ont été versées**."*

Entre le texte de la loi (article 34) et son application, il y a le fonctionnaire tortueux, sadique, menteur et hypocrite. Réclamer à l'aveugle et arbitrairement 50,000$ à un homme qui n'a rien, ce n'est pas menaçant, ça? Eux, à l'abri, s'en permettent. Régime de peur, de terreur psychologique. Pensent même pas à ça, eux autres à l'intérieur du petit royaume du ministère de la pauvreté.

Et cette écoeurante hypocrisie douce du directeur. Tout est beau, tout est bon de notre côté; la méchanceté est entièrement du tien. Regarde-nous: on est calme...

Ou bien tu nous fournis la corde pour te pendre –et si tu ne la possèdes pas, tu la tisses comme tu peux– ou bien on te pend de toute façon.

"Il y a toujours une guêpe pour piquer le visage en pleurs."
Proverbe japonais

***

10

Chassé comme un lépreux

Victoriaville est une magnifique petite ville située juste au coeur du Québec. Très oxygénée, très feuillue. Avec des vols d'oiseaux incomparables, inoubliables, le printemps, l'automne. Les formations de volatiles doivent trouver une ligne de repère dans le contrefort des Appalaches. Je soupçonne plutôt un courant d'air qui passe par là. Un vent porteur. Pas folles, les outardes qui ménagent leurs efforts pour mieux accomplir leur long millage.

J'habitais là-bas depuis douze ans. Du monde avenant, intelligent. Comment diable est-il possible que le bureau du BS puisse compter de pareils individus: gnochons au cube, inconséquents, mauvais serviteurs autant de l'État que des prestataires? Je ne peux croire qu'ils soient originaires des lieux mêmes.

Menacé d'une poursuite de 50,000$ je n'avais pas d'autre choix que celui de partir. Non pas pour fuir puisqu'il ne faut à quelqu'un qu'une minute pour me retracer. En fait, j'ai rapidement inscrit ma nouvelle adresse sur mon site web.

Incidemment, j'ai oublié de vous dire que lors de mon entrevue d'octobre, on s'est abondamment servi du contenu

129

de mon site pour établir des "preuves" de ma culpabilité. Ou bien l'ai-je mentionné dans ma lettre de décembre? Il était écrit une phrase promotionnelle sur mon site: 250,000 exemplaires vendus. Madame Boilard grafignait les murs; je lui ai presque vu le fond de culotte. Brillante comme tous les fonctionnaires du BS, elle n'avait pas pensé que le moment des ventes est une idée essentielle pour analyser le portrait. 97% de ces ventes furent faites avant 1995. Les yeux lui ont agrandi, elle a descendu du mur et je n'ai plus vu son fond de culotte. Mais elle a trouvé un autre angle pour attaquer. Une pit-bull, je vous dis.

J'ai donc quitté ma ville. Raison: réduction des dépenses et surtout recherche d'une autre voie. J'ai imaginé dans la région de Lac-Mégantic une possibilité d'agir comme guide touristique pour les Américains. En saison bien sûr. Et aussi pour les rarissimes Québécois friands d'Histoire.

Deux légendes ayant servi de base à deux de mes romans, *Le trésor d'Arnold* et *Le bien-aimé*, ont pris naissance dans cette région de l'Estrie. L'une met en vedette "*the black star of the American Revolution*", Benedict Arnold, aussi connu des Américains que George Washington, le père de la nation. L'autre a pour figure centrale Donald Morrison et son histoire qui à elle seule résume tout le légendaire western américain. Et canadien...

Comment rejoindre les Américains? Via mon site web. Un bon référencement. Et le téléphone pour recevoir les appels.

Voilà qui me permettra de continuer à écrire. Je trouve un logement approprié en plein centre-ville. Dépenses réduites. Survie possible. Et je pourrai écrire avec un peu de paix, une paix dont l'interventionnisme de l'État dans la sphère du livre m'a spolié et que le BS a assassinée durant 5 longues années.

Sans compter l'insupportable période de 1988 jusqu'à la parution d'*Aurore* en 1990.

Plongé dans l'impuissance et la désespérance, une partie de moi encore active, l'inconscient peut-être, a fait en sorte que surgisse ce projet qui deviendrait une muraille devant la machine à pauvreté et son ministère, et ses fonctionnaires tortionnaires. Mais pas du jour au lendemain.

Dès que j'ai appris que j'étais sous enquête, j'en ai eu les jambes coupées... J'ai pensé aux entrées de fonds causées par les soumissions sur lots de faillites, à cette cochonnerie faite sur mon compte par la caisse populaire, à l'argent amical que j'avais utilisé pour tâcher de me "piquer une trail" hors du labyrinthe BS et, sentiment de culpabilité oblige, à ces quelques inventaires liquidés petit à petit au fil des années pour arrondir les fins de mois et survivre dans une décence minimale...

Le moulin à faucher

Dans mon enfance, on nous parlait d'une petite fille semblable à celle de la couverture de ce livre et qui jouait, seule, dans un champ de foin sur la ferme (terre) familiale. Son père, ce jour-là, y travaillait à couper le foin avec le 'moulin à faucher'. Il ne vit pas la fillette à temps et les lames coupèrent les deux jambes de l'enfant à hauteur des genoux.

La première fois que j'ai entendu cette histoire vraie, il y a de ça bien longtemps, je fus saisi d'horreur, pétrifié. Et moi aussi, j'en ai eu les jambes coupées, mais pour un temps seulement, heureusement pour moi. Et le souffle coupé.

Cette même impression me fut offerte par la vie (et la machine BS) ce jour de septembre 2000 quand j'ai su que ma terre natale s'apprêtait à me couper les jambes. Terre aveugle. Terre négligente qui ne voit pas ses enfants démunis. Ou ne veut pas les voir... Terre criminelle qui n'a cessé de me déchiqueter les jambes toutes ces années en me volant légalement mon talent, mon travail, ma santé...

Je connais assez bien les méthodes BS, le préjugé BS, l'isolement social BS pour savoir que si je fus désigné comme cible, je ne suis pas sorti du bois.

Depuis mes pontages de 1995, je marche. Chaque jour je marche cinq kilomètres. Ou plutôt je marchais. Quand j'ai su pour l'enquête, c'est comme si on m'avait amputé les deux jambes. Ma volonté a sombré. Je me suis enfermé dans le néant et n'ai plus fait un seul pas dehors sauf ceux nécessaires pour aller me procurer un peu de nourriture.

C'est ça, l'effet BS sur l'être humain. On lui coupe les jarrets. On le mure dans un enfermement total.

Et on lui répète ad nauseam qu'il devrait avoir de la reconnaissance envers l'État qui le fait vivre. Et quant à moi, la société me vole chaque année dix à quinze fois ce qu'elle me donne. Et subventionne à millions ma concurrence qui nous donne une littérature à temps partiel si mal exportable.

Dans cet enfermement, on jongle, on se décourage à un point tel qu'on songe au suicide. Et que le suicide des autres devient même souhaitable. Voici le texte que j'ai alors pondu et introduit sur mon site web sous la rubrique *Tom Pouce contre les géants*. Un outil dangereux, le web...

Je ne fus que la main découragée qui l'a écrit, ce texte. En réalité, il est l'oeuvre de la machine à pauvreté, l'oeuvre des gens du BS à Victo, l'oeuvre du ministère de la pauvreté, l'oeuvre du préjugé, l'oeuvre des fonctionnaires, politiciens, économistes et tous autres personnages des pouvoirs établis qui approuvent l'existence de la brutale et infernale mécanique à misère...

Le voici, VOTRE texte, mesdames et messieurs qui haïssez les pauvres et les traitez de fainéants BS que vous faites vivre à même vos taxes et vos argents si 'durement' gagnés.

(Il comprend des redites d'idées déjà énoncées dans ce livre ou à venir. Qu'on le comprenne! Je veux le livrer intégralement tel que rédigé au fond du puits de l'impuissance et de l'abattement.)

Et imaginez le désarroi de ceux qui n'ont pas, comme moi, une plume salvatrice pour exutoire! Imaginez ce qu'ils vivent dans leur solitude, dans leur exclusion, victimes de la violence froide d'une société débile et qui s'en va vers le pire et trouve ça drôle!

Une jeune fille de 22 ans met fin à ses jours. Belle. En santé. Un emploi obtenu. Des parents ordinaires pas dans la misère. Une famille recomposée. Un ami de coeur. Un scénario américain de 1973: peut-être. Un scénario québécois de 1982: peut-être. Un scénario local de l'an 2000. Il n'y a pas moins de suicides de jeunes (et autres) qu'en 1982; il y en a plus.

Reste d'elle une simple lettre. Qu'il ne faut pas prendre entièrement au pied de la lettre. Imbibée dans son milieu du langage économique triomphant, elle juge le système pourri qui nous gère, ce en quoi elle a cent fois raison, mais donne des exemples qui font bien l'affaire du système.

Dénonçant un aspect de la solidarité sociale, elle nous sert le préjugé-matraque voulant que les démunis se partagent en deux groupes: ceux qui veulent travailler et ceux qui refusent de le faire. Elle reproche à l'État d'aider les uns et de refuser son aide aux autres. En cela, je la suis du moins en partie. Mais là où commence la contradiction, c'est quand elle refuse l'aide de son entourage. En tout cas, c'est ce que les témoins affirment. (Encore que la première réaction de la personne en détresse est toujours de refuser l'aide offerte et que cette aide se doit d'insister...)

Se débrouiller par soi-même: voilà la question! Même si on ne le peut pas.

Quand la poussière des jours de grand deuil est retombée, voilà que ses parents lancent un vibrant appel en faveur des jeunes suicidaires.

J'ai beaucoup réfléchi sur le suicide. Avant d'écrire Nathalie, pendant l'écriture de ce livre en 1981 et après... Rarement et seulement dans des états profonds de crise y ai-je songé pour moi-même. Et ce, malgré les embûches semées sur ma route par le système, les gouvernements surtout. Incorrigible optimiste, je suis parvenu à sortir des pires gouffres financiers et solitudes morales.

Attention, je ne suis pas en chaire en train de prêcher aux déprimés la beauté des petits oiseaux dans un monde tout à l'envers en phase de putréfaction avancée. Je ne suis pas à dire comme le conseillent les parents de cette jeune fille: accrochez-vous, on est prêt à vous écouter.

Les jeunes personnes sensibles et créatives saisissent d'emblée la pourriture de ce monde de l'an 2000, une société qui ne va nulle part. Mais leur cerveau lavé par le langage économique justifie leur geste final à l'aide d'arguments favorables à cette même société malade, arguments propres à la dédouaner de ses turpitudes. La jeune fille en question est allée jusqu'à demander pardon pour le geste posé.

Ils ne veulent pas qu'on les aide; ils veulent se débrouiller seuls, est-il dit par nos Ponce-Pilate.

Langage économique. Relevez des défis. Soyez forts. Soyez compétitifs. Soyez olympiques. Un langage abâtardi qui fait confondre excellence et performance, l'une consistant à donner le meilleur de soi dans son action et l'autre à chercher à battre les autres par tous les moyens... Soyez médaillés. Gagnez de l'argent, toujours plus d'argent... Débrouillez-vous par vos propres moyens. Refusez l'aide des autres, surtout celle honteuse, de l'État s'il s'agit de B.S.

Et pendant ce temps, nous du pouvoir économique, pigeons à pleines mains dans les coffres de l'État avec la complicité des rats de fonctionnaires et des politiciens-proxénètes. En disant qu'on va créer de l'emploi et susciter des RETOMBÉES! Alléluia! Vois texte Subventions: drogue d'un peuple.

Pour canaliser l'agressivité des gens quand il s'en trouve, ce qui est rare puisque le peuple est formé de carpes bien tranquilles et muettes, on fait porter l'odieux des taxes et des coupures sur les éléments les plus faibles de la société. On peut ainsi mieux cacher que ce sont les subventions aux entreprises qui ont en fait créé la dette nationale, phénomène pensé qui se trouve au coeur de la plus formidable menterie du siècle canadien.

Et pendant qu'on inculque dans l'esprit des petites gens l'idée que parmi les animaux malades de la peste, c'est le baudet le coupable, ces affairistes parasites tètent les mamelles étatiques à qui mieux mieux.

Le système est organisé de telle sorte que les greniers des uns débordent, craquent de plus en plus, tandis que les garde-manger des autres sont de plus en plus dégarnis. Mais grâce à la logique du mur noir abondamment traitée dans mon roman *La bohémienne*, on parvient maintenant à faire croire aux pauvres eux-mêmes qu'ils sont le baudet de la fable. D'où leur enfermement moral, leur isolement, leur culpabilité...Et les carpes du peuple quand elles daignent se réveiller, ne savent qu'applaudir les Artistes inc, les Sportifs inc, les Olympiens inc, les banquiers, les affairistes vampires.

Ce monde gouverné par les lois DES plus forts –et non plus la loi DU plus fort comme au temps royal ou impérial mais des clans les plus forts en ce temps syndical– pour maintenir et accélérer le processus de putréfaction mondial qu'il ignore auto-destructeur, se doit de se donner une culture imbibée du langage économique lequel a pour modèle unique la compétition. Manichéisme omniprésent dans toutes les oeuvres: livresques, télévisuelles, cinématographiques etc... Le bien vs le mal. Le bien du côté de la légalité, de la réussite, du conformisme, de l'esprit-mouton... Le mal du côté de l'insuccès financier, du non-conformisme accusateur, des motards criminalisés... bien évidemment...

D'ailleurs, cette société a grand besoin des motards pour leur faire porter tout l'odieux de sa propre violence froide exercée à l'endroit de ses membres dépourvus de moyens de défense. Tout comme elle a besoin des pauvres pour leur faire porter l'odieux des taxes...

C'est pareille société misérable, décadente, pollueuse, autodestructrice que certains jeunes voient, sentent et veulent quitter. Je ne vais sûrement pas les en blâmer. Je ne vais sûrement pas leur dire que cette vie est douce et bonne et qu'ils vont rire et trouver le bonheur en ce magnifique 21e siècle qui commence.

La machine à pauvreté

Ai-je l'air de tout réduire à une seule question d'argent et de redistribution de la richesse collective? C'est que l'argent est le meilleur outil de mesure pour prendre la dimension de la justice et de l'injustice, de l'équité et de l'iniquité, de la contradiction, de la peur, de la haine...

Le jeune qui se sait créatif, entreprenant, qui voudrait se réaliser et donner de lui-même en retour d'une vie décente et à qui on ne trouve à dire que accroche-toi, finit par décrocher. Il voit ce mur enduit de merde d'une société en décomposition et se dit que non, il ne pourra jamais s'accrocher à ça. Il sent que même les oiseaux ne chantent plus comme en 1950 et qu'ils sont eux aussi empoisonnés...

Voici mon message à ce jeune qui a pris la décision de se suicider.Ta vie n'appartient qu'à toi et à personne d'autre. Que ta fin ne soit pas en vain! N'ajoute pas ton nom à la liste des suicides inutiles, perdus, sans valeur intrinsèque. Car tu peux faire de ton suicide un geste utile, valable, louable. Suffit que tu le fasses pour des valeurs nobles comme l'entraide, la sauvegarde de la nature...

Si j'avais su à ton âge, si j'avais senti cette pourriture d'aujourd'hui, j'aurais fait agir mon optimisme non pas en fonction d'un avenir ici-bas mais d'un futur dans un monde que tous disent meilleur. Et puis, si ce monde est si meilleur que ça, où est le problème à vouloir le rejoindre au plus tôt?

Les jeunes des années 50 ne mettaient pas fin à leurs jours.Que s'est-il donc passé? Culture de la violence. Films américains. Imitations canadiennes (subventionnées) Culture de la chicane: téléromans québécois (subventionnés) Culture du mépris: humour québécois (subventionné) Culture de la réussite à tout prix: Artistes inc., Sportifs inc. Culture du préjugé contre les moins nantis: le pauvre devenu le Juif des coeurs nazifiés. Culture des jeux de hasard et de l'argent vite gagné. Culture du mur noir et polpotisation des âmes. Et par-dessus tout fossé entre les rares tenants de valeurs nobles et les masses en train de se putréfier dans le ferment matérialiste et économique. Si tu mets fin à ta vie, exprime ta répulsion devant un monde pareil comme l'a fait cette jeune fille. Là seulement ta mort en vaudra la peine. Que tous les suicidés fassent de leur corps une armée à la défense des valeurs nobles. C'est dans un nouveau champ d'honneur, et combien magnifique celui-là, qu'ils laisseront leur vie.

La machine à pauvreté

Il ne vaut plus la peine de défendre un pays comme le Canada (Québec itou) où la violence froide cachée est partout présente. Ce n'est pas un révolutionnaire communiste de 18 ans qui te dit ces choses, mais un romancier de 58 ans qui s'est fait détruire à mesure qu'il le construisait l'ouvrage de sa vie, par tous ces tricheurs qui gèrent nos vies.

Tu voudrais suivre ta voie? Lis mon texte subventions: drogue d'un peuple et tu verras ce qui arrive aux êtres créatifs et sensibles en ce pays malpropre. Surtout, surtout, ne demande pardon à personne. C'est là un signe de culpabilité. Et cette société pourrie adore les coupables. Ce n'est pas toi, le coupable. C'est à toi de pardonner à cette société pour ses crimes (légaux) contre l'humanité. Crimes contre l'entraide. Crimes contre les valeurs nobles. Crimes contre la logique. Société qui se polpotise et multiplie les assassinats psychologiques. (Se servir du pouvoir de l'argent pour tuer l'âme d'un peuple constitue un génocide pire que l'holocauste.)

Mon pays a perdu son âme. Je me rappelle si clairement les années 50, 60, L'entraide, la convivialité, la joie de vivre, les rêves d'avenir... Les carpes elles, n'en ont qu'un vague souvenir. Elles vivent au jour le jour dans la mare au diable. Et quand elles ouvrent la bouche, c'est pour gober tout cru le langage économique...

Je souhaite que tu partes en souriant comme je rêve de partir moi-même. Même si tu as mal à l'âme, fais une grimace à la pourriture de cette société. Meurs au nom de valeurs nobles! Alors tu seras un héros, une héroïne, sinon aux yeux du monde, du moins à tes propres yeux...

Surtout, n'écris rien qu'ils vont utiliser le jour d'après pour poncepilatiser. Ils vont se hâter de dire que quelque chose n'allait pas dans ta tête. Il y a une école de pensée d'inspiration économique à laquelle adhèrent bien des psy –bien évidemment puisqu'elle leur fait gagner des sous– qui veut que l'individu soit seul responsable de son bonheur. Comme si le mal ne pouvait pas venir de la société! Comme si les victimes de l'holocauste ou du stalinisme et de toutes les tyrannies n'auraient dû s'en prendre qu'à elles-mêmes!

Le pauvre d'ici est riche si on le compare à celui d'Haïti, certes. Mais le démuni chez nous est relégué sur une voie d'évitement, cahoteuse, à côté de l'autoroute où il voit circuler à vitesse raisonnable toutes sortes de véhicules de tous les prix. Mais au démuni sur sa voie d'exclusion, on a mis une limite de vitesse de 10 km/h. Et s'il ose franchir cette limite, il tombe dans l'illégalité. L'État le pousse à la criminalité. L'État est criminel qui pousse à l'illégalité et à la criminalité. L'État est criminel qui crucifie dans des limites insupportables certains citoyens qui font de leur mieux tandis qu'il joue le jeu d'affairistes parasites producteurs de 'stupid élitist bullshit'... ou de rien du tout.

J'accuse publiquement et absolument les États canadien et québécois conjointement d'immoralité criminelle et assassine (l'espérance de vie des moins nantis étant de 10 ans réduite). Ce n'est pas bien sûr le pouvoir judiciaire qui plaidera ma cause. Ni le tribunal du pouvoir économique et encore moins celui du pouvoir politique, lui-même l'accusé qui rira. Pas même le tribunal de l'opinion (publique d'ici et d'ailleurs) entièrement préfabriqué par le pouvoir médiatique. Au moins, celui des générations futures ne saurait me maudire avec ceux de nos générations qui ont tout pris pour eux-mêmes, tout gâché autant pour les moins nantis parmi eux que pour leurs propres descendants.

Comment cet individu isolé sur la voie d'évitement peut-il entrer sur l'autoroute sans élan, sans énergie, sans carburant, l'ego brisé, et bloqué par une limite de vitesse, les préjugés, la violence froide du système?

Les gouvernements ne font rien pour l'aider à s'en sortir simplement et font le nécessaire pour l'empêcher de s'en sortir parce qu'ils ont besoin des pauvres pour leur faire porter l'odieux des taxes et pour canaliser vers eux la haine démentielle à peine contenue des gens, hommes surtout, et de 35 à 70 ans... Choyés du système vers qui les lois et leurs rouages font converger les moyens, grands et petits, mais qui s'attribuent à eux seuls tout le mérite de leur réussite. Et comme de bien entendu, ce sont justement ces hommes-là qui détiennent tous les pouvoirs...

Comment pareille violence froide à laquelle je souhaite depuis quelques années (*Entre l'amour et la guerre*) une réponse cinglante par des événements et soulèvements, a-t-elle pu s'installer chez nous? Chez nos gens ordinaires autrefois si généreux. Certes, l'argent seul ne fait pas tout le bonheur. Mais il en faut pour manger et payer son loyer. En sortant de l'épicerie, je me dis souvent: «Vois, mon ami, toutes ces bonnes choses que ton Créateur te donne à bouffer... pourvu que tu payes ton épicier...»

À 30, 40, 50 ans, je croyais encore en la haute valeur de la vie. En fait, mon éternel optimisme me faisait penser: ça ira mieux demain. Fonce, mon gars: il arrivera bien du bon... Rendu aux abords de 60 ans, je dis: c'est pas la peine. Le suicide est un bien meilleur avenir que la vie en ce pays profondément et viscéralement injuste... Si injuste!

Sois vorace, agressif, matérialiste au cube, égoïste, et la vie t'apportera certaines choses que tu recherches; mais un jour tu mettras tout ça en doute. Et si tu as le malheur d'être sensible, altruiste, créatif et si tu veux suivre ta propre voie tout en respectant celle des autres, ce monde va t'attaquer de tous côtés à la fois.

Tu trouveras trois composantes au zoo humain: les carpes, les vautours et les rats. Les carpes, tu le devines, c'est le peuple endormi que parfois les vautours réveillent pour lui faire avaler quelque chose, en tout cas pour lui servir de la pâtée économique ou des insectes. Les vautours sont les affairistes parasites (drogués des subventions). Et les rats qu'on ne voit jamais et qui gèrent tout ça et qui tirent les ficelles, c'est l'armée des fonctionnaires.

Non, tous du peuple ne sont pas des carpes, mais c'est la forte majorité. Non, tous les commerçants ne sont pas des vautours, mais au-delà des petits commerçants, ça plane, ça plane en tournoyant... Quant aux fonctionnaires (pas les travailleurs des secteurs publics mais les bêtes de ministères), ce sont des rongeurs par définition même. Tous des rats? Peut-être pas. Mais il me tarde d'en connaître qui ne le soient pas... Si tu n'es pas fortement blindé contre cette société inhumaine qui n'a plus pour seule moralité que sa légalité charognarde construite pour le seul bénéfice des quatre pouvoirs, l'économique, le politique, le médiatique et le judiciaire et les choyés du système, tu vas souffrir considérablement toute ta vie. Même si comme moi, tu es de nature profondément optimiste. On s'en prendra à l'ouvrage de ta vie à mesure que tu le bâtiras comme on me l'a fait. Les prédateurs, favorisés par le système, sentiront ta faiblesse et comme des hyènes affamées finiront par avoir les lambeaux de ta vie.

C'est ça, la société canadienne, québécoise! Elle fabrique elle-même les sinistrés du système et si par malheur, un imprévu fait des sinistrés de la nature, eux, on les remet vite dans leurs biens et sur leurs patins.

Quelle inconséquence! Quel mensonge! Quelle hypocrisie! C'est terrifiant de penser à ça, de songer à l'avenir que réserve pareille société à ceux qui n'auront pas la force du clan pour défendre leurs intérêts dans les décennies qui viennent.

Considère qu'il y a un état de guerre entre cette société nauséeuse et nous qui, jeunes ou moins jeunes, en sommes les victimes occultées et les boucs émissaires, et que nous sommes les soldats et soldates d'une cause noble qui consiste à combattre les préjugés, la violence froide exercée sur nous par les pouvoirs immoraux et criminels, que c'est par l'accumulation de nos corps suicidés sur le nouveau champ d'honneur, celui des vraies valeurs humaines, que nous finirons par faire retraiter dans leurs retranchements de Pandore ces pouvoirs néfastes qu'hélas, nous ne pourrons jamais vaincre ni transformer.

Si tu décides de quitter ce monde empoisonné en le laissant aux bêtes venimeuses qui peuplent ses marécages humains, ne demande pardon à personne, mais laisse plutôt une lettre dans laquelle toi, tu pardonnes, toi, à ce monde bizarroïde.

Vois leurs valeurs dans leurs télévisions. Culture de la violence, de la haine, des ténèbres.Entends leur méchanceté dans leurs propos matérialistes et égoïstes. Entends-les mépriser leurs frères et leurs soeurs affaiblis pour éviter d'avoir à se regarder dans le miroir de leur propre déchéance morale. Sens leurs odeurs nauséabondes, à ces quatre cavaliers de l'Apocalypse ! L'insatiable pouvoir économique, le corrompu pouvoir politique, l'insidieux pouvoir médiatique et le servile pouvoir judiciaire ne forment plus qu'un tissu serré de fils: une mécanique informatisée bien huilée qui t'aura toute ta vie dans son collimateur et te suivra comme l'oeil de Caïn... à moins que tu ne sois des leurs et encore...

Ne te culpabilise pas de décider de partir à ton heure à toi. Ton choix si tu le fais toi-même après réflexion et non sous le coup d'une émotion forte, sera le bon. Tu éviteras ainsi des années et des années d'injustice, de douleur morale, de souffrance, d'esclavage déguisé... dans une société à l'âme nazifiée par l'argent... Je ne te dis pas de mettre fin à tes jours, je te dis seulement que si tu devais le faire de bien le faire. Sans regrets. Ne perds pas ton suicide. Qu'il serve des valeurs nobles!

Si pour toi, cette vie n'est plus qu'un exil en enfer, tu n'as pas à la vivre à tout prix pour cautionner la société ou pour ne pas chagriner ton entourage sans doute lui-même entièrement baigné du langage économique triomphant et si destructeur de tout, de tout...

Ils vont essayer comme chaque fois de démontrer l'inutilité de ton geste. Ils feront semblant de te comprendre en un premier temps. Puis parleront de maladie mentale, de dépression. De drogue peut-être. Eux pourtant drogués comme des seringues gorgées de biens matériels, d'argent et de valeurs douteuses...

En tout cas moi, à 20 ans, avoir su ce que je sais maintenant, avoir imaginé ce que cette société me ferait vivre, il est certain que j'aurais quitté le navire. Car je suis un optimiste invétéré et j'ai hâte de savoir ce qui se passe dans ce monde meilleur qui fait tant peur à tous.

Canada: pays compatissant qui prend soin de ses éléments les plus faibles, de dire le Premier ministre à la mort de son illustre prédécesseur. Canada: un pays au coeur nazifié et qui prend le démuni pour Juif, de dire un homme de 58 ans tanné de se faire détruire à petit feu par ses gouvernements.

Salut et bon voyage!

P.S. Quelques-uns auront vite fait de crier que je suis à régler des comptes personnels. Ce à quoi je répliquerai que je ne suis pas un cas d'espèce et que dans sa généralité, le mien ressemble à celui de tous les exclus de ce si beau pays.

1. À travers *Aurore*, *Entre l'amour et la guerre* et *La bohémienne*, c'est la défense de tous les exclus que je prends. Enfants abusés via *Aurore*. Pauvres abusés par le système via *Entre l'amour et la guerre*. Abus des femmes via *La bohémienne*. 2. Malgré les conditions qui m'ont été faites par un système du livre téléguidé par l'État, j'ai écrit et publié 41 livres. Il en a fallu de l'optimisme pour ça. Un optimiste ne règle pas de comptes, il va au combat... en se disant qu'il va s'en sortir... Ce qui n'est pas toujours le cas hélas!

Et puis ce site m'appartient. Et pas plus que mes livres, il ne fut subventionné. Tandis que ceux des éditeurs le sont... bien évidemment. Les mécontents naviguent ailleurs... et on s'en fout...

Victoriaville s'en remettra... et moi aussi

C'est peut-être Victo qui avait le plus à perdre de mon départ. Y ai dépensé bien plus d'argent en ces 12 ans que ce qui me fut versé en BS honteux.

En tout cas, elle a perdu un citoyen qui l'aimait. Pas inconditionnellement car il y a de la méchanceté là comme ailleurs. Celle au bureau du BS là-bas est d'autant plus grande qu'elle est si aveugle. Et puis il y a les taupes du BS à la poste et à la banque, mais ça, c'est partout la même chose au Québec. Et peut-être aussi que s'il y avait un peu moins de sports et un peu plus de culture à la une des journaux là-bas, ça aurait pour effet de rendre moins 'gnochons' et pit-bulls les fonctionnaires BS. Mais ça, c'est autre chose.

Moi, je vis à Lac-Mégantic, à deux pas d'un parc magnifique avec vue sur le lac et le mont Mégantic. Ville feuillue comme Victo. J'y attends des Américains pour leur raconter l'histoire d'Arnold et de Morrison. Et s'il vient des Québécois, je leur parlerai aussi d'Aurore, la petite martyre qui a tant **fait rire** de bonnes âmes de chez nous depuis 1920...

Et quand le BS laissera tomber son épée de Damoclès sur ma tête, je déclarerai faillite et c'est toute la société québécoise qui en supportera les frais. Mais elle aussi, d'une imbécillité consommée, s'en fichera éperdument...

Telle est la machine à pauvreté installée par nos gouvernements, premiers responsables de la perversion d'une société démentielle.

"Le pays où les pierres vous connaissent vaut mieux que le pays où les gens vous connaissent." Proverbe berbère.

***

11

L'État-souteneur

Pour moi, tout n'est pas si rose que le laisse supposer la fin du dernier chapitre.

Le moteur de ma vieille Voyager vient de sauter et me voici à pied. J'ai besoin de capital pour faire paraître ce livre. Et suis en attente des sommes générées par mes livres consignés en 2000. Et puis je serai d'un jour à l'autre en pleines tracasseries légales à m'être infligées par le système BS qui veut me rattraper pour me remettre dans ses griffes. Des griffes coûteuses pour une société qui croit qu'en conspuant, méprisant et haïssant les BS, elle s'en portera mieux.

Il y a l'arthrite ici à cause de l'humidité plus grande et du voisinage du lac. Le climat de Victoriaville était plus sain; les médecins de Wilfrid Laurier savaient cela au siècle dernier, qui avaient prescrit l'endroit à l'illustre personnage pour qu'il s'y refasse une santé des poumons.

Il y a la conscience du temps qui passe, bien plus vive quand on doit repartir de zéro et qu'on a proche 60 ans.

Et par-dessus tout, il y a le marché du livre que les gouvernements, nos bons États-souteneurs, ont pourri aussi.

En même temps qu'elle mettait la peste au monde de l'édition par ses narco-subventions, la machine étatique a fait en sorte que naissent deux monstres au domaine de la diffusion du livre chez nous. Concentration verticale dans le domaine par deux éléphants-kangourous qui se boxent et se disputent un marché qu'on dira trop étroit dans bien peu d'années, vous verrez. Ce sont *Archambault* et *Renaud-Bray*, deux chaînes de librairies dont les compagnies-mères, grands-mères et arrière-grands-mères ont obtenu des millions et des millions en subventions. En réalité deux descendants directs de créatures semi-étatiques.

Voyons-en les méfaits pour les artisans comme j'en suis un, ces francs-tireurs qui de tous temps et de tous pays furent les meilleurs garants de la véritable liberté d'expression.

Renaud-Bray a dû se mettre sous la protection de la loi régissant les faillites voilà quelques années seulement. Le fonds de solidarité de la FTQ et l'État sont accourus: redressement immédiat bien entendu. Puis la grenouille avale le boeuf soit Champigny et Garneau absorbés successivement par Renaud-Bray. On a alors établi l'équilibre des forces au commerce de détail du livre chez nous et nos meneurs se sont masturbés là-dessus. Devant Archambault la puissante montée par Quebecor, voici l'autre éléphant nécessaire pour que les grands soient heureux et prospères.

Moi pour un qui ai en 2000 pour près de 4,000$ en compte chez Garneau, j'attends paiement. Mes dossiers vont toujours d'une saison à l'autre, du printemps à l'automne au printemps suivant. Le produit de mes consignations du printemps doit entrer vers la fin de l'année pour financer ma production du printemps suivant, et ainsi de suite. (Par production, entendre 1 titre nouveau, parfois 2).

Il me faut cet argent pour me libérer du BS et relancer la

production à mon propre compte. Mais Garneau ne paie pas tandis que les autres librairies (sauf de rares mécréants que je finirai par dénoncer publiquement eux aussi) le font. Multiplication des documents, des appels de ma part; multiplication des promesses et manoeuvres dilatoires de la leur.

Sans crédit bancaire, j'ai besoin que l'on me paie raisonnablement à temps, pas au bout d'un an. Car moi, je dois payer l'imprimeur d'avance, avant que la boîte contenant un nouveau dossier de production ne soit même ouverte. Mais le monstre dort. On se moque de moi, même directement au téléphone. "On vous magane, hein!" de dire la responsable des payables. La gestion Renaud-Bray qui a mis l'entreprise au bord de la faillite voit maintenant aux affaires de Garneau qui, du reste, ne m'a jamais créé le moindre problème ni aux compagnies qui ont exploité mes livres entre 1995 et 2000.

Manoeuvres, manoeuvres, manoeuvres. Et j'ai ici affaire à une entreprise dont les ascendants sont pavés de narco-subventions et qui fut relancée par le Fonds de Solidarité. C'est à ne pas croire. Janvier 2000, je dois prendre un avocat pour percevoir. Ces gens alors se sentent lésés... (mentalité de fonctionnaires) et on me retourne tous mes livres consignés. Faut bien qu'on me punisse parce que je les ai "attaqués si abusivement" eux qui ont servi à mon avocat la connerie suivante: *oui mais on a 5,000 dossiers à s'occuper...*

Forcés de me verser le solde de 3,400$, ils le feront fin février 2001. Mais moi, entre-temps, j'ai perdu de faire rouler un livre. Privé de crédit bancaire, je ne peux rouler l'argent de la banque et Renaud-Bray roule le mien. Et je n'ai pu me retirer du BS que deux mois plus tard en 2000.

Ainsi les subventions provoquent le BS par étouffement lent de ceux qui n'ont pas les moyens de se défendre.

Je saurais faire semblable démonstration pour bien des entreprises subventionnées. Vous le pourriez aussi.

En voilà, des résultats de la concentration, de la fusion d'entreprises, de la rationalisation... Autres engrenages de la super machine à pauvreté.

De plus, ma production d'artisan sera désormais **coupée** d'un public important pour moi: la clientèle de Garneau (Renaud-Bray) et même celle des Archambault puisque dans les deux entreprises, on prend toutes les mesures nécessaires pour éliminer les petits fournisseurs 'achalants' comme moi.

L'intervention des gouvernements provoque ainsi la mort des artisans, des francs-tireurs du domaine. Mais l'État peut mieux contrôler et c'est surtout ça qui l'intéresse...

L'État-souteneur nous a fait entrer dans une ère de dictature culturelle. Notre culture (télévisuelle, cinématographique, livresque) est imposée d'en haut et le public prend ce qu'on lui sert, point. Et ce qui ne fait pas l'objet de narco-subventions donc d'un contrôle étatique, est impitoyablement exclu, écrasé, méprisé... Notre machine culturelle se cache derrière de nombreux paravents dont celui des subventions aux créateurs et celui de "vedettes" qui, trop choyées par l'ensemble du système, n'ont pas le courage de le dénoncer.

Et ici, je lance une prédiction. Quand Renaud-Bray aura empoché les sommes énormes à venir de l'équipement de la grande bibliothèque à saint Lucien (Bouchard), pas deux ans plus tard, elle ira pleurer dans les manches de l'État: "*Aidez-vous. Les livres, la culture, c'est pas rentable.*" La même gestion qui a mené Renaud-Bray au bord de la faillite ramènera Renaud-Bray au bord de la faillite, les mêmes causes produisant les mêmes effets. Avec récupération par les deniers publics. Pas fous, les gens de Renaud-Bray qui savent l'imbécillité de nos fonctionnaires-meneurs. Car les dirigeants politiques (crétins en matière culturelle) leur délèguent tous les pouvoirs... Quel incroyable capharnaüm!

Enfin, la gestion de Renaud-Bray-Garneau Garneau n'est pas souillonne qu'aux payables, c'est pareil aux commandes et aux retours. Je ne compte plus les commandes qui me furent adressées et n'avaient rien à voir avec moi. Les livres retournés le sont dans un état lamentable tandis que les Garneau naguère avaient le plus grand respect des livres. Les gérants locaux n'ont plus rien à dire aux achats et c'est un 'fonctionnaire' assis rue Saint-Denis qui décide quoi faire 'manger' aux gens de Québec ou de Sherbrooke ou Victo. Et quel gaspillage aux retours: pièce à pièce pour des besoins comptables (système de cavalerie poussé au maximum) et ces coûts de transport inutiles...

L'État a fait en sorte que naissent deux grands ogres et les ogres n'ont pas le respect des livres, des écrivains, de la création, de rien. Ce ne sont plus que de misérables faiseurs d'argent. Bravo, nos gouvernements, chapeau!

Une déception nommée Internet

En 1899 eut lieu la ruée vers l'or au Yukon. Pas la première, –il y avait eu celles de Californie, du Colorado et même de St-Simon en Beauce,– mais la plus mémorable.

Des milliers de gens s'y sont rendus et bien peu ont fait fortune. En fait de rares prospecteurs sur des milliers sont devenus millionnaires en brassant la batée. Les autres ont couru des mirages. Cependant, beaucoup de gens parmi ceux qui ont fourni des équipements et services aux mineurs se sont enrichis, eux.

C'est à cela que me fait penser Internet un siècle plus

tard. La ruée est mondiale. Rares sont ceux qui y font for-tune. Même *amazon.com* avec son chiffre d'affaires annuel de 12 milliards US$ est déficitaire. Beaucoup de ceux qui ont essayé disent que la vente en ligne est décevante.

Devant la tournure des événements au marché du livre, je me suis aussi laissé prendre par le grand miroir aux alouettes et j'ai construit mon site web. Et faute de sous, j'ai misé sur le contenu et non la présentation. Mais ça m'a grignoté le temps d'un roman nouveau... En quatre mois: ventes de 30$. Mon public n'est peut-être pas branché ?

En préparant mon site, j'applaudissais à la fin du contrôle des vitrines par d'aucuns. Je dois me rhabiller: c'est pas pour demain, la libération des vitrines. En attendant, les monstres engendrés par nos gouvernements de pimps feront la pluie et le beau temps dans cette chose culturelle imposée.

Et les interventions nocives de l'État continueront de faire leurs ravages chez les artisans du domaine.

Mais l'État s'en contrefout... L'État, c'est l'État... Au moins du temps de Louis XIV, l'État, c'était quelqu'un... à qui il était possible de parler, directement ou par personne interposée, pas une machine à faire le chaos pour se justifier ensuite de le gérer et de travailler à le réduire...

P.S. La dame du BS m'a lancé comme ça, mine de rien: *"Vous devez faire, de l'argent, vous, avec votre site Internet."* Crétine, ça m'a coûté 3 mois...

"Qui a de l'argent met dans sa poche ceux qui n'en ont pas."

Tolstoï

"Qui a de l'argent met à la porte ceux qui n'en ont pas."

Moi-même

***

12

Un cas comme les autres

J'ai consacré le coeur de ce livre à ma propre expérience BS. Une expérience très longue et très dure. Pas encore finie, semble-t-il, et loin de là.

Enfermé par la machine à pauvreté, je n'ai pas pu recharger mes batteries par des voyages. Mais j'ai pu le faire par des voyages à travers des livres et autour de ma tête.

Si vous venez me voir à Lac-Mégantic et me demandez comme guide touristique d'un jour, vous trouverez la pensée suivante encadrée à l'entrée.

L'homme, ce chercheur, ce découvreur, achève d'explorer 100% de sa planète **terre**, *et pourtant n'a pas exploré encore plus de 12% de sa planète* **tête**. *Serait-ce que la distance le séparant de sa propre tête soit si grande?*

Et puis on ne cesse jamais de se rappeler et d'examiner les héros de son enfance. Surtout moi qui ai eu la chance de naître et de grandir au beau milieu d'un village, tout près de l'église, du magasin général, de l'hôtel, du couvent, et de connaître bien les 2,000 personnes de ma paroisse beauceronne.

Malgré ce que me fait subir ma société, j'ai quelque chose à quoi me raccrocher. Ma plume exutoire. Mes souvenirs. Mes 42 ouvrages qui forment toujours le solage de mon ego rasé par le préjugé.

Mon plus grand rêve des vingt dernières années, c'était de pouvoir consacrer 4 ou 5 mois à la rédaction d'un nouveau livre et pas seulement 2 mois comme je fus toujours condamné à le faire. Avoir la paix pour écrire. Avoir justice pour écrire. Avoir paix et justice pour avoir le temps. Et me rendre dans toutes les régions du Québec, m'y installer pour quelques semaines et créer un roman fondé sur l'histoire locale. Aller aux fraises comme quand j'étais enfant. Et trouver tout partout de belles talles comme celles que j'ai trouvées à Lac-Mégantic dans les légendes entourant Arnold et Morrison. Est-ce trop demander à une société qui vous communise et vous utilise à ce point? Et qui vous exclut parce que vous êtes un franc-tireur rebelle au système?

Je voulais comme Hémon séjourner au Lac-Saint-Jean. Je voulais comme Savard explorer Charlevoix. Comme Anne Hébert, fouiller Portneuf où j'ai moi-même vécu pendant deux ans. Comme Tremblay vernousser en Floride... un peu plus au nord toutefois et résider en le petit Québec floridien. Comme Desrochers, vivre à l'ombre de l'Orford. Aller partout, vivre partout, récolter partout.

Sans l'intervention massive des gouvernements dans la chose du livre, cela aurait pu se produire. Mais comment un homme seul peut-il se battre à la fois contre Québec et Ottawa qui jouent la même maudite 'game' et y gagner quoi que ce soit?

Il n'y a pas de volonté politique parce qu'il n'y a pas de volonté populaire.

Je vous ai parlé de la petite fille aux pattes coupées dans le chapitre précédent. Je vous ai raconté comment la machine à faucher étatique m'avait coupé les pattes en 2000 après me les avoir écharognées durant des années par ses narco-subventions à la grande édition, ma concurrente féroce, par ses programmes à l'élitisme merdique comme le DPP, par l'horreur de sa mécanique à pauvreté qui crucifie tant de gens et moi-même dans l'impuissance et l'inertie, voici comment ça commence tout ça, voici un exemple tout simple de pattes coupées par l'esprit des gens de tous les jours.

Pendant des années, j'ai marché le matin et me suis rendu au McDo pour y prendre un café et pondre deux ou trois pages d'un nouveau livre. Marche de santé commandée par les cardiologues aux gros yeux... et je le dis avec reconnaissance et sans aucune ironie.

Je dois attendre à la porte. D'autres gens y sont. Des retraités. Anciens cultivateurs plutôt bien nantis et possédant plusieurs propriétés. Deux ou trois enseignants à leur retraite. Un comptable à sa retraite. Un ex-cuisinier qui a la fierté du nouveau véhicule, une fierté renouvelée chaque année avant son voyage-séjour en Floride. Des héritiers. Un ex-industriel qui a passé des années au Japon et qui, sans même savoir que je suis romancier, me soumettra sans raison un texte à propos du "tremble-terre" de 1663, texte qui me donnera l'idée d'écrire un roman sur ce sujet qui me fascine. Enfin tous des retraités joyeux, en santé, prospères et qui méritent leur "durement gagné". Et puis il y a moi, l'artiste BS qui les écoute docilement parler de leurs surplus, de leur superflu, de leurs voyages, de leurs achats, de leurs biens matériels. Inlassablement, chaque matin. Et chaque deux matins, le préjugé antipauvres est craché sur le tapis. Les maudits BS y goûtent. Les femmes n'insistent pas. Le préjugé est terriblement masculin, il faut le dire. J'écoute. Je ferme ma trappe. Mon inconscient absorbe comme une éponge.

On finit par entrer tous. Ce sont des gens d'âge d'or. Moi pas encore. Tous sans le moindre problème d'argent. Moi un va-nu-pieds. Ils payent leur café 0,80¢. Je paye le mien 1,10$. Défaveur de 30%.

Ça, c'est le système! Oh, pour une fois, c'est pas la faute à l'État, je le sais bien. Mais c'est le grand système. C'est la société qu'ils croiraient payer pour moi s'ils savaient à coup sûr que je suis BS... Très sûrement, ces bonnes gens ne lisent pas mes livres et tout aussi sûrement les emprunteraient-ils s'ils devaient vouloir les lire. Après tout, ils le méritent bien; c'est leurs taxes excessives qui ont permis l'érection de la bibliothèque publique, laquelle (avec toutes les autres) communise et utilise mon cerveau pour au moins 100,000$ par année. Ils ignorent que la concurrence sursubventionnée ampute mon marché. Ils ne savent pas non plus que le marché du livre, avec ses deux enfants monstres, hybrides conçus par les narco-subventions et la voracité privée, me coupe désormais d'une partie de mon public acheteur traditionnel.

Devrais-je leur expliquer tout ça?

Ils s'en ficheraient comme d'autres avant eux. Ils ont la tête farcie du préjugé antiBS. Et le reste ne compte pas.

L'égoïsme collectif est aveugle et tout aussi stupide que l'esprit fonctionnaire; et ils vont si bien ensemble.

Je n'ai pas l'âge de ces bonnes gens surchargés de taxes et qui ont tant mérité leur 'durement gagné' et je suis condamné à travailler jusqu'à mon dernier souffle pour arracher le minimum vital qui m'est nécessaire pour... continuer à travailler... Alleluia!

J'ai analysé d'autres cas BS et tout ce qui me frappe frappe ces gens-là de la même manière avec les mêmes résultats désastreux pour eux-mêmes et pour l'ensemble de la société. Je suis un sinistré du système; ils le sont tous, eux aussi. Mon échantillonnage a suffi à m'en convaincre. Je suis un BS comme un autre. Je porte au front la marque BS pour ma vie entière. Y aura toujours quelque part un Ti-Clin choyé par le système et ses lois et programmes discriminatoires pour cracher son venin et dire que l'individu seul est responsable de son sort.

Je suis un BS comme un autre et le préjugé continuera de me grignoter l'âme jusqu'à ma fin.

Ni les millions, ni la gloire, ni l'amour, ni la vengeance ne parviendraient à réparer les dommages subis par mon ego rasé.

Et puis la pauvreté est toujours là même si la ressource BS n'est plus là, tandis que ma concurrence continuera de jouir éternellement du BS glorieux que sont les narco-subventions.

La santé a fait son meilleur temps. La machine à pauvreté en a arraché de grands morceaux.

Le temps aussi a fait son meilleur temps pour moi.

Je voudrais bien travailler en paix jusqu'à mon dernier souffle alors que mes collègues de semblables diplômes, occupations et âges, jouissent d'une retraite paisible et dorée, mais l'État me refuse même cela et cherche sans cesse à prendre de mes mains mon outil de travail, mon marteau de survie financière et psychologique. Je le sais pour toutes les raisons énumérées dans ce livre.

Avant de faire mes bagages sur ordre de l'État des fonctionnaires, je veux laisser ce livre comme héritage social et je le dédie aux démunis de moyens comme je le suis.

L'important pour moi, et je me défends bien de tout complexe messianique, n'est pas le bilan que je peux faire pour moi-même de mes démêlés avec l'injustice étatique, mais l'usage peut-être bénéfique au profit de mes soeurs et frères en pauvreté que j'en fais. Je n'ai rien d'un héros... mais tout d'un enragé.

De toute façon, cette société démentielle ne se donne pas pour héros les sacrifiés (qu'elle qualifie de perdants) mais les gagnants, ceux qui ont tout sans avoir mérité vraiment grand-chose. Ceux-là et ceux-là seulement sont auréolés, couronnés, encensés. Que voulez-vous, leur image excite le peuple et c'est ça, l'essentiel!

Le plus grand héros à la porte du McDo avait pour nom Pierre Péladeau. Normal qu'on ait bricolé une guignolée à sa gloire posthume! Normal, oui... Grand?...

Ceci étant dit, par quoi et comment remplacer l'infernale machine à pauvreté?

"*Le malheur n'a pas d'amis.*"   Euripide

"*L'argent court la méchanceté.*"   Moi-même

***

13

La solution de remplacement

Simple et accessible, rejetée du revers de la main par un saint Lucien (Bouchard) souriant et par tous les économistes savants tout aussi infaillibles que le pape, ainsi que par les nantis et tous les choyés du système, ce n'est pas demain qu'on va l'envisager sérieusement.

"On n'a pas les moyens, voyons!"

"Les gouvernements sont pauvres; comment pourraient-ils sauver les pauvres pauvres?"

"Faut créer de la richesse avant de la redistribuer." (Me semble que j'ai lu ça quelque part...)

On connaît les vieux disques; ils sont si usés qu'ils en sont tout éraillés. Que voulez-vous?

Je n'ai pas inventé cette solution. Il s'agit bien sûr de ce qu'on appelle **le revenu de citoyenneté**.

Un revenu annuel versé par l'État à tous les citoyens de 18 ans et plus. Un minimum vital. Par exemple considérant le coût de la vie en 2001: 8,000$. Ou 700$ mensuellement.

(Pourquoi riez-vous déjà alors que je n'ai pas fini mon exposé? Pourquoi crier: où c'est qu'on va prendre l'argent?)

Je vais encore plus loin.

Ces 8,000$ pour tous et chacun de plus de 18 ans constitueront son minimum vital, rien de plus. Ensuite, l'individu aura droit de toucher (de gagner par ses efforts) des sommes non imposables l'amenant jusqu'au seuil de la pauvreté. Disons 14,000$ en 2001.

ENSUITE, une **taxe sur le revenu de citoyenneté** commencera de s'appliquer de façon graduelle sur les surplus gagnés jusqu'à remboursement complet à l'État du revenu de citoyenneté pour les mieux nantis qui eux, ont les moyens et pas les besoins. Taxe se situant entre 10% et 100% du revenu de citoyenneté suivant les revenus individuels.

Il est évident que l'État québécois (le Canada embarquerait jamais là-dedans et il faudrait passer par la souveraineté pour y accéder, et je ne serai jamais souverainiste avant qu'un parti n'inscrive ces mesures de **libération sociale** à son programme) ne peut expédier demain 5 ou 6 millions de chèques de 700$ chacun à ses citoyens de plus de 18 ans. Par exemple, 6 millions X 700$ = 42 milliards$. Pas trop des 'peanuts'. Et ce, même si l'État devait en récupérer la plus large part par la taxe sur le revenu de citoyenneté.

Solution: prélever la taxe sur le revenu de citoyenneté **à la source**. Par exemple, Nathalie qui gagne 40,000$ brut et à qui il reste 30,000$ (chiffres approximatifs) ou 600$ par semaine verrait une retenue de 175$/semaine pendant 4 semaine sur son chèque de paye. (L'employeur qui ne paye qu'aux 15 jours assurerait l'avance de fonds puisque lui-même en jouit.) Donc 700$ d'épargne forcée et pas même une taxe véritable puisque Nathalie comme tout le monde recevra son chèque de revenu de citoyenneté au montant de 700$ à la fin du mois, soit 175$ X 4.

Et démantèlement du ministère de la pauvreté (BS).

Le nouveau système de sécurité du revenu (véritable) serait intégré au ministère du Revenu et n'ajouterait pas grand-chose en frais administratifs à une machine qui existe déjà. Fermeture de tous les bureaux du BS. Remerciement de tous les fonctionnaires BS.

Avantages

Économiques.

1–Il n'en coûterait pas plus à l'État que la Solidarité sociale actuelle.

2–L'État pourrait compter sur une liquidité formidable tirée de la taxe (épargne forcée) sur le revenu de citoyenneté.

3–D'énormes économies seraient réalisées suite au démantèlement de la machine à pauvreté (BS).

4–On aurait bien moins besoin d'augmenter le salaire minimum, ce qui rendrait nos entreprises bien plus compétitives à l'étranger.

5–Le nouveau régime générerait un formidable stimulant pour plus d'un demi-million de personnes actuellement crucifiées dans l'inertie par le BS qui leur coupe tout revenu additionnel, qui les retient dans ses griffes, les broie et prétend les motiver en leur tapant sur la tête et en les démotivant.

Humains

1–Finie la destruction psychologique par une machine stupide et improductive.

2–Finie la peur de perdre son minimum vital et un système essentiellement fondé sur la motivation négative.

3–Fini la destruction de l'ego de centaines de milliers de

personnes.

4–Finis le préjugé si dommageable et la marque au front.

5–Plus jamais de jambes d'enfants coupées au ras des genoux.

6–Restauration de la dignité de tous les citoyens affectés par la pauvreté.

7–Un formidable encouragement au travail, à la réalisation de soi.

Un drôle d'avantage aussi...

Et puis un tel régime permettrait à bien des familles de 'sacrer' leur grand fainéant dehors. Débarrasser la place. Celui-là (celle-là) deviendra bien plus vite autonome dehors avec son chèque de citoyenneté que s'il couve la maison et couche entre papa et maman. C'est logique et psychologique. L'ambition naturelle le poussera vite à trouver plus que son minimum vital...

Et si malgré tout, il reste sur son revenu minimal, son pot et sa chiotte, pas pire que s'il se trouvait sur le BS. Et avec un peu plus d'argent, on a des chances qu'il se 'shoote' une seringue dans la temps... Encore des économies...

Études Plus aisé de poursuivre des études aussi sans plonger dans les dettes.

Objection (vieux démon du préjugé antiBS)
Ils vont s'en aller chez eux pis voudront pus travailler.

Supposer que son voisin est un fainéant, c'est supposer qu'on l'est soi-même. Il est dans la nature de l'homme de travailler. Et l'homme, c'est autant le voisin que soi-même.

Personne n'ira se coucher plus que maintenant. Qui ne

voudra pas foncer **devant** son minimum vital vers le seuil de la pauvreté puis vers de plus hauts sommets?

C'est le BS qui force les gens à se coucher, qui les crucifie dans l'inertie. Si après m'avoir lu jusqu'ici, vous n'en êtes pas encore convaincu, crissez donc ce livre au bout de vos bras. Et allez au diable. Ou bien êtes-vous un fonctionnaire de la machine à pauvreté qui a peur pour sa job? Ou un profiteur du système? Ou alors vous êtes un taré de première.

Inconvénients

Le *transfert* temporaire (3 semaines) de liquidité de la poche du citoyen assujetti à la taxe du revenu de citoyenneté à celle de l'État. Une épargne forcée, ai-je dit. Mais sans intérêt. C'est le seul prix à payer par l'ensemble de la population. Un prix considérablement remboursé en peu d'années.

Qui refuserait d'avancer 700$ à l'État pour libérer des centaines de milliers de ses frères et soeurs des chaînes qui les retiennent prisonniers dans leur impuissance, leur pauvreté, le préjugé, la misère?

Bien entendu, il restera toujours des pauvres, mais quel besoin pour une société de condamner des gens à la pauvreté alors qu'elle peut les en libérer ou les mettre dans une situation favorable à telle libération?

Hausse du chômage, diront les mêmes économistes qui l'affirment à propos des hausses du salaire minimum. Si une hausse du salaire minimum rend nos entreprises moins compétitives, alors un gel de ces salaires ou bien une hausse très lente les rendra plus compétitives. Le nouveau régime rendrait bien moins nécessaire les hausses de salaire minimum. Donc moins de chômage et non pas plus de chômage.

Travail au noir. Pas plus que maintenant. Pourquoi plus?

Conditions

Les facteurs servant à établir le montant du revenu de citoyenneté seront uniquement:

1–le chiffre d'un minimum vital décent;

2–le chiffre du seuil de la pauvreté.

Et les deux seront établis par des comités compétents protecteurs du citoyen.

La capacité de payer de l'État n'entrera pas en ligne de compte et serait un faux facteur puisque le nouveau régime n'y changerait rien du tout, ni n'obligerait l'État à emprunter et à se voir décoter par la haute finance de Wall Street.

Équation suprême

Coût du système = taxe sur revenu de citoyenneté.

L'intérêt tiré par l'État sur les sommes perçues d'avance pourrait friser les 2 millions$ par semaine. Applicables en frais additionnels provoqués par le nouveau système au ministère du Revenu et au démantèlement de la machine à pauvreté actuelle.

Les économies réalisées par le démantèlement du système BS seront affectées en hausses du minimum vital et du seuil de pauvreté.

Reste à trouver des modalités d'application vs les travailleurs autonomes. On a bien rattrapé les serveurs de restaurants...

Objection

"Mais André, ça se fait pas ailleurs, voyons."

Pourquoi diable les innovations doivent-elles toujours le fait des Scandinaves, des Européens, des Japonais ou autres? Comment le plus beau pays au monde ne peut-il pas prendre les devants en quelque chose de sensé, d'humain? Et nous, Québécois, plus fins que le reste de l'humanité avec nos Dion, nos Péladeau, nos Canadiens, Cirque du Soleil, nos tout ce qu'on voudra, pourquoi ne pas prendre les devants et faire quelque chose de sensé et d'humain? Ne possédons-nous pas toutes sortes de records peu enviables?

Conclusion

Je reviens à mon exemple et qu'on applique ma conclusion aux autres BS, puisque les mêmes causes produisent invariablement les mêmes effets.

Avec un tel revenu de citoyenneté, j'aurais écrit les mêmes livres depuis 24 ans. Sauf que j'y aurais consacré plus de temps pour plus de qualité dans la forme. Car la qualité d'un style est directement proportionnelle au temps qu'on met pour le peaufiner. Peut-être n'aurais-je pas eu à faire d'édition, de diffusion et il y a de bonnes chances que fort des moyens d'un éditeur subventionné, mon 'produit' –particulièrement un livre comme *Le trésor d'Arnold*– aurait été exporté. Je suis convaincu que cet ouvrage aurait pu aller chercher plusieurs millions sur le marché américain, contrairement au *Matou* qui y fut un lamentable échec. Pas parce que le *Matou* était mauvais mais parce qu'il ne possédait aucun ingrédient pour percer le marché U.S. et que *Le trésor d'Arnold* les possède tous. (C'est ça aussi, l'aveuglement des subventions –discriminatoires– à la traduction. C'est ça, la mentalité improductive du Conseil des Arts aux 'oeuvres culturellement significatives'.)

J'aurais pu réaliser mon rêve de m'installer quelques semaines, quelques mois dans plusieurs régions du Québec
pour y chanter leur petite histoire et peut-être l'exporter aussi
à travers le monde comme on l'a fait avec une oeuvre aussi
simple que Maria Chapdelaine.

Je vous le dis, prenez 100,000 BS, faites-les basculer
dans un régime à revenu de citoyenneté, et dans trois ans,
vous me parlerez de 80,000 citoyens redevenus productifs,
hautement productifs pour l'ensemble de la société.

La résistance

"Mais nusautres du ouernement, non n'a pas d'argen..."

Ça prend pas d'argent pour démanteler et remplacer la
machine à pauvreté, ça prend de l'audace, du coeur et rien
qu'un peu de tête.

La dernière chose à faire serait de confier la tâche d'éva-
luer un système basé sur le revenu de citoyenneté à des économistes ou à des fonctionnaires. N'y trouvant pas leurs intérêts, ils seront d'entrée de jeu biaisés et défavorables. Et
quand cela est, on a tôt fait, –même si les rapports pour se
donner des airs compétents et sérieux tardent, ce qui permet
aussi de gagner du temps pour mieux noyer le poisson et "le
faire mourir avant même le feuilleton"– de faire rechercher
aux chiffres les réponses que l'on veut bien en obtenir.

Peut-être faudrait-il confier ces études à deux firmes spé-
cialisées, l'une a priori favorable et l'autre pas? Et que cha-
cune fasse parler les chiffres en faveur de son option. Au
peuple ensuite de comparer. Et j'aimerais bien avoir un réfé-
rendum sur une question pareille. Dans l'espérance que les
urnes me disent que je me trompe au prochain chapitre en
affirmant que le public aime la pauvreté... des autres.

Il faudra, je le redis, des firmes privées. Car confier pareille tâche à des fonctionnaires et c'est perdu d'avance. Car les fonctionnaires de n'importe quel ministère auront peur à leurs fesses à travers leur peur pour les fesses de leurs collègues tarés d'un BS improductif.

"Être empêché de se réaliser, c'est le chemin de l'asile psychiatrique."   Carole Laure

***

www.andremathieu.com

14

Une relation sado-maso...

Caritas caritatum

Fière d'elle-même et jalouse de ses surplus et superflus, la société d'abondance des uns a besoin de se payer aussi le luxe de la pauvreté... des autres.

Pour s'offrir le cadeau d'un bel état d'âme à l'occasion des Fêtes par des guignolées bricolées où des Artistes inc peuvent miser quelques heures pour ajouter quelque dorure à leur image publique, par des émissions de télé soulageantes, par des charités réconfortantes.

Pour se dédouaner devant la misère des pays pauvres par l'excuse de ses pauvres à soi.

Pour canaliser les incontournables mauvais sentiments des mieux nantis vers les plus démunis et ainsi les détourner des puissances financières et grands richards que l'on prend comme modèles et que l'on encense.

Pour permettre aux politiciens et à leurs partis de se constituer du capital politique et de montrer belle âme aux dépens des misérables.

Les misérables sont nécessaires pour que les charitables

puissent être. C'est la nécessité du moins pour le plus. Voilà pourquoi il y aura toujours des pauvres. Et c'est la seule raison pour ça. Mais on n'aurait pas à clouer des gens dans la pauvreté comme on le fait; il y aurait bien assez de pauvres comme ça pour répondre à ce beau besoin des mieux nantis de faire la charité de temps en temps.

On a peur de manquer de pauvres et c'est pourquoi on crucifie dans la pauvreté ceux qu'on déjà en banque.

Voici Noël qui s'amène. Les coeurs se décorent. Une émission de télé va fouiller dans les garde-manger des BS, dans leurs coquerelles et leur crasse appréhendées, et c'est le grand soulagement annuel dans les bungalows. De deux façons. Qu'il fait bon **être** du côté des charitables et **ne pas être** du côté des misérables! Et comme ce sera touchant de pouvoir préparer un beau panier de Noël pour ces crève-la-faim, de verser une larmette sur leur détresse. Encore mieux si c'est une charité collective; on peut fraterniser autour d'une bonne table tout en fabriquant des restes pour les indigents. Ah, les RETOMBÉES! Vertu des miettes qui justifie tant et tant de narco-subventions!

En décembre souffle sur les bonnes âmes avec le vent d'hiver un vent de charité. Mais le vent tombe à la fin du mois: bizarre... blizzard... C'est quoi, c'est quoi?...

Et puis vient l'An nouveau. Les beaux sentiments ont été déballés et le papier brillant se meurt dans les poubelles avec le sapin sec. C'est le temps de travailler. Fini le 'niaisage avec la puck' ! Les BS, on paye pour eux autres l'année durant et en plus on les enterre de 'manger' aux Fêtes: assez, c'est assez! On leur paye leurs lunettes, leurs dentiers, leur... ci, leur ça... Ça va bien faire! Nous autres, on a la Floride qui nous appelle. On a la deuxième auto à échanger, elle commence à se démoder avec ses quatre ans d'âge. On a le chalet à préparer pour l'été. On a... Bah! ça finit pas. Pis avec ces maudites taxes-là...

Parfois au cours de l'année, une émission de télé retardataire, quasiment hors contexte, vient nous achaler avec encore la maudite pauvreté. On prête un peu l'oreille, distraitement, et on se rend compte avec plaisir qu'elle va dans le bon sens, dans la bonne direction, pas la direction d'avant Noël alors que le va-nu-pieds est grand gagnant à cause de nos trop grands sentiments.

Non, celle-ci nous rappelle à quel point il fait bon ne pas être misérable. Ce ne sont même pas des BS qui s'expriment, mais des travailleurs du dernier barreau de l'échelle. Ils n'arrivent pas. Mais, ô merveille, ils sont résignés. Ils sont fiers de travailler pour une pitance pourvu qu'ils ne soient pas plus misérables encore. Et ne soient pas des 'parasites' de l'État comme ces fraudeurs probables du BS.

Bien sûr, on questionne un expert qui leur impute l'entière responsabilité de leur état. "*Qualifiez-vous et vous serez sauvés. Faut créer de la richesse avant de la redistribuer. Hausse du salaire minimum = hausse de chômage assurée.*"

Inepties d'économistes. Lapalissades piégées.

Les concepteurs du 'show' sont de connivence. Ils font parler un plaignard puis font parler un résigné puis coiffent le tout avec du crémage économique.

On a eu droit à pareille émission crétine fin février 2001 à *Enjeux* de Radio-Canada.

Il n'y manquait plus que Bernard Landry pour déclarer le chômage son ennemi mortel, pour proclamer l'attribution de narco-subventions à la nouvelle économie l'article 1 de son new deal et de son credo, et pour nous dire, mélodramatique, que sa tristesse profonde chaque soir au coucher et chaque matin au réveil, c'est de penser aux pauvres pauvres... pour lesquels on ne peut pas grand-chose puisqu'il *faut bien créer de la richesse avant de la redistribuer.*

Et les coeurs sont contents dans les chaumières et bungalows. On vient de les rassurer pour des mois. On peut filer jusqu'aux abords de Noël prochain.

Tout le monde, heureusement, n'écoute pas *Enjeux*. Les autres Québécois *à ce moment ici, là*, sont devant un téléroman qui distille conflits et relations sado-maso enveloppées de mots choisis. Au moins eux, ne se cachent pas la face pour haïr leur semblable.

"Ben quoi, faut ben écouter quelque chose!"

Charités criminelles

Un gars riche me proposait, un jour pas si lointain, un billet de 25$ donnant droit à un repas et une soirée au profit des pauvres de la région.

Quelques instants plus tard, il me disait que lui et des associés avaient créé un holding chapeautant plusieurs compagnies afin de payer moins d'impôts.

Ce qu'il faut comprendre là-dedans, c'est les RETOMBÉES. *Vous aviez-tu compris*? Plus d'argent dans les poches du gars riche, ça lui permet de travailler à une autre 'patente à charité' et de me proposer comme ça, mine de rien, un billet à 25$ pour aider les 'encore-pires' que moi.

Pendant des années, même mes années BS, j'ai parrainé une fillette via Vision Mondiale. J'ai cessé quand l'agent du BS de Victo m'en a fait reproche dans une séance visant à budgéter mes affaires au printemps 2000. (Un agent qui a du mal à signer son nom, mais expert en finance.) Peut-être que c'est ce qui m'a rendu suspect à ses yeux et a déclenché l'enquête sur mon compte. (Non, mais as-tu vu ça, faire la charité quand on reçoit déjà la charité...) Mais j'aurais cessé de toute façon d'envoyer des sous à l'organisme pour une raison bien simple: celle de voir Céline la divine prêcher la charité via la promotion de Vision Mondiale. Et quand elle fait appel au public pour la cause de la fibrose kystique donc!

Je n'ai même pas envie de m'expliquer davantage sur ce point tant ça crève les yeux...

Tout le Québec se portera à sa défense avec les plus belles inepties. "*Elle est pas obligée de le faire.*" "*Une star que tout le monde regarde, ça permet de ramasser plus de fonds pour la cause.*" "*Elle va toujours pas vendre ses châteaux si* **durement** *gagnés pour les donner aux plus mal-pris.*"

Guignolées bricolées à la gloire posthume de millionnaires dont on voudrait inscrire le nom en lettres hollywoodiennes dans la vallée de Josaphat, causes promues par des vedettes en quête d'une décoration supplémentaire à leur image, téléthons arracheurs de larmes, toutes charités publiques à l'échelle nationale ou à celle d'un village, ne sont que des entreprises de **dédouanement**.

La vraie charité, la seule vraie charité bénéfique autant pour qui la pratique que pour qui en profite, est d'une totale discrétion et parfaitement anonyme.

Dédouaner un peuple, dédouaner des gouvernements, c'est rendre les pauvres encore plus isolés, dépendants et misérables. Mais il se trouve toujours quelque flagorneur profiteur pour flatter la bedaine du Québec et lui crier avec un porte-voix qu'il est une star au firmament de la bienfaisance.

Nos charités publiques frisent l'immoralité, confinent toujours à l'indécence. Ce n'est pas la plaie du pauvre qu'elles visent à soulager et soulagent, mais d'abord et avant tout la conscience du nanti.

A bas, les charités criminelles!

"La charité qui ne coûte rien, le ciel l'ignore."   Balzac

"Chacun veut s'essuyer les pieds sur la pauvreté."
Proverbe allemand

***

15

Entre l'amour et la guerre

Violence froide

L'homme, ce génie de la création, a inventé la guerre. Puis un jour, se rendant compte que la guerre risquait de le détruire, il a inventé la *guerre froide*. Une manière de maintenir un état permanent de chicane sans se faire trop de mal à lui-même et surtout sans foncer dans des aventures extrêmement périlleuses pour sa survie.

Innovateur, il a aussi fait surgir de son grand chapeau de magicien la **violence froide**. Une violence légale dirigée contre certains de ses semblables, les plus démunis. Un état permanent d'agression. Ça s'appelle affamer, enfermer dans le préjugé, crucifier dans l'inertie, détruire psychologiquement, isoler socialement, dévaloriser, faire perdre l'estime de soi, surveiller, s'ingérer dans la vie privée, terroriser, mépriser, et pour coiffer le tout, enlever aux victimes tout poids électoral et tout pouvoir de négociation avec le reste de la société.

On brandit des bannières. On fait prendre des vessies pour des lanternes comme, par exemple, faire prendre pour

171

quelque chose de moral une légalité charognarde par laquelle, à travers les grands pouvoirs établis, d'aucuns ne cessent de s'enrichir tandis que d'autres sont appauvris un peu plus chaque jour par un véritable terrorisme étatique.

Dès que ça risque de chauffer un peu pour les pouvoirs, on lance à renforts de gueule deux grands imparables: l'inutilité de la violence et les sacro-saintes vertus de la démocratie. On sait que le peuple fait consensus au moins là-dessus et on saute à pieds joints sur ces bases lorsque jugé nécessaire pour sauvegarder le système à privilèges.

C'est pourtant grâce à la démocratie que prévaut la loi du plus grand nombre par laquelle, –ce livre l'a amplement démontré–, on exerce contre une minorité la pire des violences, la violence froide permettant de fabriquer à la chaîne des morts-vivants qui servent de têtes de Turc et d'exutoire à la bassesse humaine. Et de cautionnement-prétexte à la cupidité généralisée. Et qui vont garnir le réservoir de pauvres que cette société putréfiée a besoin de voir occupé en masse pour se donner l'illusion de la propreté.

Et pour être certain que les gens de bonne foi –il en reste– se rallient, on plonge les concepts viciés de démocratie et antiviolence dans le langage de la **confusion**. Elle est là tout entière, la collusion tacite des pouvoirs établis.

Terrorisme d'État, terrorisme social, terrorisme économique...

"Il y a une violence qui libère et une violence qui asservit."

Guerre contre les pauvres

Tant qu'il n'y aura pas un état de guerre contre la pauvreté, il y aura état de guerre contre les pauvres.

Dans un article intitulé *La tentation du pire*, Bourgault écrivait en février, et ce n'était pas une découverte pour moi puisque je tenais les mêmes propos dans *Aux armes, citoyen*, en 1992, ceci: "*À l'intérieur même de nos frontières, les pauvres vont bientôt décider de se faire justice eux-mêmes.*"

Et plus loin: "*Les bouleversements qui s'annoncent risquent de faire basculer nos démocraties.*"

C'est une bien drôle de guerre que celle où il y a d'un côté l'agression et de l'autre la résignation. C'est pourtant celle que notre société infecte mène à travers ses moyens froids et calculés contre cette minorité qui se couche en foetus et se laisse battre, avilir, abuser.

J'ai bien assez parlé des armes de l'agression jusqu'ici sans devoir, je l'espère, les énumérer de nouveau. Voyons l'ennemi sans défense, sans poids électoral, sans pouvoir de négo. Meurtri, enfermé dans l'impuissance, l'isolement et le préjugé.

Il se laisse faire. Il vit dans la résignation.

Je connais une fille BS à qui ses parents riches ne cessent de répéter qu'elle doit se compter chanceuse de vivre dans un pays comme le nôtre qui lui paye son loyer et sa bouffe. Qu'elle doit montrer de la reconnaissance. Saluer le drapeau. Dire merci Canada, mon pays, mon sauveur. (Discours pareil à celui que ce Jean Carle d'Ottawa me tenait en 1995.)

Le pire, c'est qu'elle a fini par le croire et qu'elle le répète à tout vent. Ses parents sont devenus riches grâce au système, aux innombrables branchements entre les pouvoirs qui font que d'aucuns, par les lois et programmes étatiques, s'enrichissent tandis que par les mêmes interconnections, négatives celles-là, d'autres s'appauvrissent sans cesse...

Le pays peut dormir en paix, avale ça, Bourgault, espèce

de visionnaire pessimiste. Non seulement les pauvres sont-ils couchés en foetus dans leurs cellules, mais on les intoxique joyeusement par la pensée dominante.

Mars et Vénus

L'agressivité et son avatar, la méchanceté, sont plus martiens que vénusiens.

La douceur et son avatar, la lâcheté, sont plus vénusiens que martiens.

Voilà qui explique plutôt bien la résignation des misérables. La pauvreté est bien plus féminine que masculine. De tout temps. La principale assise de la pensée humaine est la loi du plus fort.

On ne peut changer la nature de l'homme.

On ne peut changer la nature de la femme.

(D'aucuns, d'aucunes surtout, croient qu'il n'y a pas de nature masculine ou féminine, pas d'inné et seulement de l'acquis millénaire; je ne suis pas de cette école dont je ne parviens pas à voir et comprendre les fondements...)

Pour obtenir quelque chose, madame préfère investir des fleurs. Et c'est magnifique. Et c'est émouvant.

Mais ça ne donne pas toujours des résultats. On l'a vu par la marche des femmes de je ne sais trop quelle année. On a donné des fleurs à certains dirigeants. On a obtenu dix cents de l'heure d'augmentation du salaire minimum. De quoi organiser une fête nationale. Sans les fleurs, y a de bonnes chances pour qu'on ait obtenu quinze ou vingt cents. *"Vous m'aimez de même, pourquoi j'me forcerais, tabarnak?"*

La vérité est que l'homme se moque de la femme.

La vérité est que la femme souffre de lâcheté.

Et tout ça a commencé pas très longtemps après tyrannosaurus rex.

Assises sur leurs belles grosses fesses indécises depuis les cavernes, les femmes ont eu fin des années 70 un sursaut de volonté grâce à un noyau dur de radicales, excitées peut-être, méchantes peut-être, mais efficaces.

Le vent a passé et la femme est revenue à sa position préférée: à plat ventre. Et se fait représenter par des pondérées élevées dans la ouate et qui se plaignent mollement, des Françoise David toujours calmes et qui réjouissent l'ennemi par leur discours résigné et avachi...

J'ai trop longtemps rejoint la femme sur ce plan. En fait, je ne me suis réveillé qu'en 1996. Pauvre, BS, cardiaque et déculotté par les gouvernements, c'est là seulement que je me suis dit: "*Fini l'autre joue tendue, finies les folies, fini de me coucher en foetus.*" Et je me suis alors mis à l'écriture de *Entre l'amour et la guerre*, sachant fort bien que la majorité de mes lecteurs rejetteraient les messages de fond du livre. Et ce fut le cas de plusieurs, moins que je ne l'aurais cru heureusement. J'ai quand même reçu des lettres en beau massacre me disant qu'on devrait m'interdire d'écrire et de publier. C'est un peu cela, la tentation du pire dont parlait Bourgault dans son article: décrets, lois, défenses, contrainte, menaces... pour contenir des gens que nous attaquons sans arrêt par nos violences froides.

Et si la guerre...

Il a fallu douze hommes –1 messie et 11 apôtres– pour établir les fondements de la chrétienté: une histoire qui touche un quart, un tiers de l'humanité et dure depuis 2000 ans.

Sans quelques têtes, –qui en valaient la peine ou pas–,

comme Mirabeau, Marat, Danton, Desmoulins, Robespierre, Hébert et peu d'autres, Louis XVI aurait gardé sa perruque jusqu'à sa belle mort et la France son roi.

Privée de Franklin, Patrick Henry, John Hancock, Thomas Jefferson, John Adams et quelques autres, la Révolution américaine eût été aussi tranquille que lente à arriver.

Sans Lénine, Trotski, Zinoviev, Kamenev, Dzerjinski, Alexandra Kollontaï (une femme tiens tiens) et quelques autres, pas de Révolution d'Octobre en Russie.

Le nazisme, le stalinisme, la Révolution chinoise, cubaine, tous les virages importants se sont toujours appuyés au départ sur quelques leaders seulement.

Et puis la démocratie ne saurait être source de grandes perturbations, encore moins être révolutionnaire.

Suffirait de douze idéalistes, douze hommes (ou femmes, mais ça, j'en doute) décidés pour réveiller les victimes de la pauvreté. Et quelques dizaines de ces zombis remis en possession de leur cerveau, de leur ego et de quelques moyens, encadrés et fanatisés, pour que le masque de ce pays tombe et qu'apparaisse son vrai visage à la face du monde. Et que l'univers apprenne à connaître le Tiers-Monde canadien.

Qui sait, puisque nous avons belle image à travers la planète, si le message ne déclencherait pas ce dont l'humanité a grand besoin, me semble-t-il: une troisième guerre mondiale. Pas nucléaire. Sans armées. Sans soldats. Sans armes. Sans munitions traditionnelles. Une guerre sociale.

Désarmer les citoyens

Enregistrement des armes à feu. Incarcération des prêcheurs de zizanie. Achat des têtes brûlées à l'aide de narco-subventions. Menace de leur faire perdre leur BS. Infiltration des groupes par la police. Délation.

"J'te dis que l'pays a les moyens de s'défendre contre les asociaux, les psychopathes, les ingrats, les traîtres et les révoltés... j'te dis..."

Dormons tranquilles dans nos lits douillets.

Oui, mais si quelques têtes chaudes avec un peu de discipline et d'imagination devaient se prendre pour des héros?

Il y en avait tout un groupe dans *Entre l'amour et la guerre.* Encore que dans un roman, on a vite fait de bricoler les personnages requis pour atteindre les objectifs visés.

Bon, ces 'terroristes' à la petite semaine attaquent des pylônes de lignes de transport d'électricité à l'aide de nitrate de potassium, un engrais aisément trouvable sur le marché. Ça tombe si facilement, des pylônes! (Visionnaire à mes heures, j'ai pondu ces scènes deux ou trois mois avant le grand verglas de 1998.)

Et si par exemple, une douzaine de gars disciplinés décidaient au plus sec d'une canicule de déclencher des feux de forêt à la grandeur du Québec. Dans une seule journée, un tel groupe pourrait allumer 144 brasiers susceptibles de devenir importants. Un rien à faire. Un bout de corde et un bidon d'essence mis au pied d'un merisier en pleine nature. Pas de risques. Pas d'attaque de la vie humaine.

Puisque vos biens matériels sont plus importants que la santé, que la liberté, que l'équilibre psychologique, que la dignité, que la personne même de vos ennemis les pauvres, et que vous les avez privés de tout moyen de négocier avec la société, et que vous les excluez par vos lois et programmes et pouvoirs, d'une participation active à la vie économique et à l'amélioration de leur propre sort, puisque vous les fustigez, puisque vous les enfermez dans des préjugés cruels,

177

*puisque vous aimez davantage vos surplus et superflus que la vie même de petite filles comme celle sur la couverture du livre **La machine à pauvreté**, nous n'avons pas d'autre choix que de nous défendre dans cette guerre froide que vous menez contre nous avec les moyens que nous avons. Cessez de nous haïr et de nous détruire et nous laisserons tranquilles vos biens collectifs. Nous avons le respect de vos personnes et ne nous servons que de vos biens pour nous défendre contre votre agression permanente et féroce...*

Voilà le message que ces têtes folles et brûlées pourront alors lancer à la société d'ici et d'ailleurs.

Et si une bonne nuit, il leur venait à l'idée à ces malades qui refusent de se résigner à crever comme on le leur demande et leur impose, de s'en prendre à un autre élément du patrimoine collectif? Par exemple en incendiant des dizaines et dizaines d'églises en une seule nuit. Juste pour que le signal de fumée fasse le tour de la planète et que l'humanité sache que le Tiers-Monde canadien est à se réveiller?

Et si par exemple, un de ces rebelles malades profitait d'une épidémie de fièvre aphteuse en Europe pour se rendre là-bas et en ramener par exprès le virus et le transmettre au cheptel canadien?

Et si douze hommes en colère, suivis par d'autres, se donnaient le mot pour perturber la bonne marche des ministères en leur expédiant des colis suspects?

Nous avons tout ce qu'il faut à portée de la main pour fabriquer des bombes artisanales. J'en ai donné plusieurs recettes dans *Entre l'amour et la guerre*. N'importe quel internaute peut les trouver dans la quiétude de sa chambre en mangeant son Big Mac devant son iMac.

Douze pauvres écoeurés. Douze moutons enragés. C'est

bien peu de monde pour faire beaucoup de choses. *Jamais le pays ne pourrait compter sur si peu d'hommes pour en accomplir autant.*

Suffirait que ces révoltés laissent travailler un peu leur imagination et c'en serait fini de notre belle paix sociale, f-i fi n-i ni. Moi pour un, si j'étais séditieux et semeur de zizanie, des moyens pour faire la guerre sociale sans risques, je pourrais vous en pondre 300 d'ici au petit matin.

J'espère surtout que ce livre et *Entre l'amour et la guerre* ne tomberont jamais en de pareilles mains maniaques. J'en serais inconsolable pour le restant de ma vie. Et ce n'est pas par suicide ou crise cardiaque que je terminerais mes jours, mais noyé dans mes propres larmes.

Et si Bourgault, espèce de visionnaire pessimiste, avait raison de dire que les pauvres de chez nous pourraient bien un jour prochain décider de se faire justice eux-mêmes?

En attendant ce jour, vous pouvez toujours dormir en paix. Continuez de conspuer les pauvres. Applaudissez ceux qui les traitent de fainéants diplômés. Continuez d'écouter le discours animal du *petit-coq-d'Inde-pas-de-tête* des ondes montréalaises et du *gros-cochon-d'Inde-pas-de-coeur* des ondes québécoises. Pestez contre vos taxes. Épatez les amis, la parenté avec vos surplus et votre superflu. Et ensemble dans les soirées, chantez en choeur: *on l'a mérité, on l'a durement gagné.* Et reprenez en refrain comme cette petite vieille de toutes les indignités qui disait à la télé: *les pauvres, ils profitent de leur pauvreté pour en demander toujours plus.*

Sales pauvres! Rêvons donc à leur élimination pure et simple avant qu'ils ne s'en prennent à nos richesses.

Et tiens, commençons donc à préparer nos charités des Fêtes prochaines, ça nous fera tellement de bien. Et comme ça soulagera d'avoir lu ce livre!

"La guerre nourrit la guerre."   Schiller

"Tant qu'il n'y aura pas un état de guerre contre la pauvreté, il y aura état de guerre contre les pauvres."
      Moi-même

"La meilleure manière d'armer les citoyens, c'est de les désarmer devant la vie."   Moi-même

***

16

Un peu d'Histoire

Plus un État est bureaucratisé, plus grandissent ses chances de se corrompre et de finir par imploser, l'un conduisant invariablement à l'autre.

Les pires férocités de la bête humaine ont pu s'exprimer, ont pu dévorer grâce aux fonctionnaires tous azimuts, soldats, policiers, gratte-papier, percepteurs et autres, aussi bien du temps de la Rome impériale que de celui du troisième Reich ou de l'empire soviétique.

À droite ou à gauche, une machine bureaucratique est source sûre d'appauvrissement lent, de décadence. Sans l'une d'elles et son aveuglement, jamais les Hitlers, Stalines ou Césars de ce monde ni autres chefs de destruction n'auraient pu se rendre si loin dans leurs entreprises funestes.

La plus grande richesse collective encore accessible serait l'allègement de l'appareil de l'État.

Notre machine à pauvreté à façade social-démocrate finira par imploser ou bien elle nous fera exploser en pleine face à tous cet odieux 'pacte' social jamais signé par les pauvres qu'il défavorise et assassine à petit feu et sans cesse vanté par les mieux nantis qui le croient moral par le seul fait qu'il soit légal.

L'infernale machine à pauvreté soviétique a laissé la Russie et ses ex-satellites dans la ruine économique et morale. Dommage, on le dirait bien, irréparable à court ou moyen terme. Car Japon et Allemagne au sortir de la guerre étaient, eux, dévastés d'un travers à l'autre et pas deux décennies plus tard se retrouvaient dans le sélect peloton de tête des nations du monde. Ce n'est pas une machine bureaucratique qui a fait émerger ces deux puissances, mais l'entreprise privée soutenue par l'Amérique.

Au nom des acquis sociaux (encore une prise en otage des plus vulnérables) nous marchons au pas de course vers le pire avec notre manie de l'interventionnisme étatique pour régler une foule de problèmes suscités par l'État lui-même. Si les gens de gauche pouvaient donc finir par le comprendre, eux qui ont plus de coeur que ceux de la droite!

L'esprit fonctionnaire

Quand un fonctionnaire tel ce sombre Jean Carle du haut Ottawa t'écrit et te traite d'ingrat pour avoir osé contester l'injustice flagrante dont tu es victime par la grâce de l'État, quand les fonctionnaires du BS t'adressent le même reproche pour mieux t'agenouiller et t'avilir, il ne te surprend guère de voir arriver dans la cour enneigée du restaurant où tu bois ton café matinal deux gars de la SQ qui font pivoter leur voiture (de la SQ) sur elle-même, pour à l'évidence s'amuser, de les voir laisser leur véhicule en marche et entrer déjeuner pour une heure, et de les voir se bourrer les poches de sachets de Sucaryl à même les paniers à cet effet qu'ils écument en passant... juste pour rire. Il ne te surprend guère non plus d'avoir régulièrement de la 'marde' de la part d'un livreur de paquets qui n'est pas celui de Nationex, de Puro, de CanPar ou Dicom, mais celui des postes.

Porter plainte? À qui? À d'autres fonctionnaires?

Notre bureaucratie est bête, méchante, incompétente, arrogante.

"Chacun baise en tremblant la main qui nous enchaîne," disait Voltaire.

Chez nous, de plus en plus, la tyrannie a pour nom bureaucratie.

Pas même les ministres ne peuvent la mener.

Pas même le Premier ministre ne peut la mettre au pas.

Toute-puissante, elle nous entraîne chaque jour vers le pire. Et pour se faire réélire, les politiques doivent faire des courbettes devant elle.

Le pouvoir économique est le seul, semble-t-il, à avoir trouvé des voies d'accommodement avec elle: lobbies, pots-de-vin etc... Pas nécessaire de le prouver: une bureaucratie est corrompue par essence même. Et le pouvoir économique sait y faire dans les dépotoirs et fosses septiques.

Faudra un gouvernement qui élimine la sécurité d'emploi de toute la fonction publique. Et surtout un gouvernement qui privatise, privatise, privatise encore et encore. Soins de santé. Écoles. Prisons. Loteries. Tout ce qui peut l'être.

Je les vois déjà remplacer leurs miroirs aux alouettes par leurs épouvantails à moineaux. Médecine à dix vitesses: affreux. Mauvais effets de telle privatisation dans tel pays. Petits Américains qui meurent aux portes des établissements hospitaliers faute de soins, faute d'argent pour les défrayer.

Et nos syndicalistes braillards seront de la première levée

de boucliers, en rangs serrés avec les fonctionnaires qu'ils dirigent de toute façon en sous-main.

Moins d'État. Moins d'État. Moins d'État.

Que l'État demeure pour faire leurs ongles aux capitalistes voraces et véreux!

Et puis le propriétaire d'un hôpital pourrait malaisément déménager son entreprise au Mexique...

Le moins d'État possible, le plus de liberté pour tous...

Qu'il ne reste qu'un État chien de garde, un État régulateur, un État créateur d'harmonie pour remplacer cet État-nuisance, cet État terroriste qu'est devenu le nôtre.

L'esprit BS

Ce n'est pas de boîtes de saumon distribuées gratuitement par l'État qu'a besoin le BS, mais d'une canne à pêcher.

Mais si l'État, par sa concurrence indirecte et terriblement efficace, induite par les narco-subventions, ses lois et programmes, fait en sorte de s'emparer des outils-gagne-pain du citoyen et de les bousiller, cet État-là a pour devoir de réparer et de distribuer des boîtes de saumon ou bien de restituer ses pantalons à celui qu'il a détroussé.

D'autre part, le premier devoir de tout être humain, devoir bien loin au-dessus de toutes les lois des hommes, c'est celui de sa survie dans la dignité.

Ces deux devoirs, l'un de l'État face au citoyen et l'autre du citoyen envers lui-même, se conjuguent pour former l'esprit BS, un esprit qui rôde dans l'inconscient individuel et de groupe.

La bassesse humaine et sa bureaucratie ont défini quant à elles l'esprit BS par la fainéantise, la tricherie, la fraude, la dégénérescence et cela les justifie de l'enfermer, cet esprit, dans le préjugé, l'immobilisme, l'improductivité forcée.

C'est la même pensée qui condamne certains exclus aux travaux forcés et en crucifie d'autres à l'inertie forcée, une pensée qui s'écrit ainsi dans les cerveaux: les humains à part soi et ceux qui nous ressemblent sont foncièrement et absolument méchants...

Ressources planétaires

S'il fallait que le plus grand nombre accède à un même niveau de consommation que le nôtre, il ne resterait à cette planète qu'un demi-siècle de survie. Mais ce qui incite les pauvres du monde à en vouloir plus, ce sont nos excès écoeurants. L'homme ne saurait se discipliner lui-même. Là, il faut des gouvernements régulateurs, créateurs d'harmonie, pas des machines à compétitivité qu'il faut nécessairement assortir d'une machine à pauvreté pour stimuler la première.

Plus se rétrécira l'inégalité entre les pauvres et les riches d'un même pays, entre pays pauvres et pays nantis, plus on pourra imposer et faire accepter la modération généralisée.

Aussi simple que ça!

Un peu de Bible

Un docteur de la loi se leva, et dit à Jésus, pour l'éprouver: Maître, que dois-je faire pour hériter la vie éternelle? Jésus lui dit: Qu'est-il écrit dans la loi? Qu'y lis-tu? Il répondit: Tu aimeras le Seigneur, ton Dieu, de tout ton coeur, de toute ton âme, de toute ta force, et de toute ta pensée; et ton prochain comme toi-même. Tu as bien répondu, lui dit Jésus; fais cela, et tu vivras. Mais lui, voulant se justifier, dit à Jésus: Et qui est mon prochain? Jésus reprit la parole, et dit: *Un homme descendait de Jérusalem à Jéricho. Il tomba au milieu de brigands, qui le dépouillèrent, le chargèrent de coups, et s'en allèrent, le laissant à demi mort. Un sacrificateur, qui fortuitement descendait par le même chemin, ayant vu cet homme, passa outre. Un Lévite, qui arriva aussi dans ce lieu, l'ayant vu, passa outre. Mais un Samaritain, qui voyageait, étant venu là, fut ému de compassion lorsqu'il le vit. Il s'approcha, et banda ses plaines, en y versant de l'huile et du vin; puis il le mit sur sa propre monture, le conduisit à une hôtellerie, et prit soin de lui. Le lendemain, il tira deux deniers, les donna à l'hôte, et dit: Aie soin de lui, et ce que tu dépenseras de plus, je te le rendrai à mon retour. Lequel de ces trois te semble avoir été le prochain de celui qui était tombé au milieu des brigands? C'est celui qui a exercé la miséricorde envers lui, répondit le docteur de la loi. Et Jésus lui dit: Va, et toi, fais de même.*

Non, mais de ce que ce monde d'aujourd'hui peut se rire de Jésus et de sa doctrine altruiste! Qui parmi nos célébrités se porte sincèrement à la défense des démunis sans y chercher du capital d'image?

Tremblez car s'il fallait que l'État instaure un régime de revenu de citoyenneté, nous ne pourrions plus jamais nous payer le luxe si réconfortant d'ouvrir notre coeur et de le déverser tout tout tout dans nos excitants paniers de Noël destinés aux miséreux et miséreuses de ce beau pays...

"La sagesse du pauvre est méprisée et sa parole n'est pas écoutée."   L'Ecclésiaste

***

17

Les farces du destin

Que m'arrivera-t-il, à moi, ex et probablement futur BS, ramené à la raison par la machine à pauvreté qui me reprendra comme un nouveau-né croco dans sa gueule douillette?

Frustré, je le suis, et au cube. Un ben gros cube.

Pas d'avoir passé à côté de la gloire et de la fortune, valeurs qui garantissent à peine un peu plus le bonheur que la pauvreté et l'anonymat, gloire et fortune que je me défends d'avoir jamais recherchées ou bien je n'aurais pas emprunté les voies de l'écriture (au Québec) et de l'auto-édition pour y parvenir, mais frustré de m'être fait abîmer, à mesure que je le forgeais, mon outil de travail et de réalisation personnelle dans une tâche qui me passionne, par un État aveugle et sourd mené non par des élus mais par une clique de bureaucrates mesquins, insipides, incompétents et malfaisants...

Garanties de liberté

Mon premier roman publié en 1978 par une maison d'édition subventionnée s'est vendu cette année-là à 5,000 exemplaires. Après trois tirages, l'éditeur déclarait le livre 'terminé', quasiment obsolète. Je ne le croyais pas. Ai racheté les droits en 1980 et 20,000 copies de plus furent vendues (preuves disponibles à tout sceptique).

En fait l'éditeur devait s'occuper d'autre chose puisqu'il pourrait toucher des subventions sur la nouveauté, par sur des rééditions de mon titre. Certes, les éditeurs surproduisent et font beaucoup de ce qu'ils appellent de la 'scrap' à subventions ou 'stupid elitist bullshit' que Jean-Louis Roux et son Conseil des Arts désignent comme des "oeuvres culturellement significatives". Sauf que cette littérature n'est vendable ni ici ni ailleurs, ni maintenant ni jamais. Elle remplit des espaces dans les bibliothèques et va grignoter le 'durement gagné' des auteurs populaires au programme DPP, l'injuste patente du fédéral pour faire taire ceux qui croient en la liberté d'expression et en les principes de libre entreprise.

Seul, sans les grosses pattes de l'État, je suis parvenu à écrire et faire paraître 43 ouvrages en 24 ans. Je les aurais voulus plus travaillés quant à la forme et j'aurais mieux décoré mes façades avec rien qu'un peu plus de temps. C'est ainsi par exemple, qu'en début de carrière, pour écrire *Complot*, je me suis rendu chez Canadair examiner avec la bénédiction des autorités de l'entreprise le CL-215 et que pour ce même livre, j'ai eu une entrevue sur le mont Mégantic avec monsieur Racine, directeur de l'observatoire.

En 1984, je mettais sur la glace un projet de roman ayant pour figure centrale une maîtresse d'école de rang. (J'avais publié en 1980 *Un amour éternel*, une histoire de maîtresse d'école de village.) C'est que je préparais *La sauvage*.

Pour ce faire, j'ai recueilli une foule de documents. Je fus dirigé par l'abbé Provost, archiviste au Séminaire de Québec et spécialiste du sujet que je voulais traiter dans ce livre. J'ai fait un voyage aux U.S.A. sur la piste de Benedict Arnold, héros du livre. Suis devenu membre de l'*Arnold Expedition Historical Society* de Gardiner, Maine et j'ai pour quelque temps fréquenté leurs réunions. Je me suis présenté aux Sociétés historiques de trois États américains. Contacts avec la Société historique de Québec, celle de la Côte du Sud...

Les ventes étaient suffisantes à l'époque pour permettre cela. Mais les gouvernements s'en sont mêlés, gouvernements pour qui la seule littérature à temps partiel est 'culturellement significative'. Ils ont cassé le marché d'un auteur par leurs interventions idiotes. (Les programmes d'aide aux auteurs qu'ils invoquent pour se racheter sont ridicules et coûtent plus cher en administration qu'ils ne décernent de bourses, au demeurant réservées à des écrivains publiés par des éditeurs subventionnés.)

Je m'apprête à écrire *Tremble-Terre*, un roman historique, avec des moyens dix fois plus limités que ceux que j'avais en 1984 avant *La sauvage*.

Comble d'ironie, en 1986 alors que je voulais me rabattre sur l'écriture de mon roman à la maîtresse d'école de rang, paraissait *Les filles de Caleb* chez un éditeur très très subventionné, le même qui avait édité mon premier roman en 1978, et qui se livra à de telles critiques par la suite à propos de l'auteure de *Les Filles de Caleb* qu'on peut aisément supposer que sans sa recherche de subventions, jamais il n'aurait publié l'ouvrage.

On dira: ah ha, pas de subventions, pas de *Les filles de Caleb*, ce méga-succès de la littérature populaire québécoise.

Je dirai: peut-être, mais qui sait si mon roman à moi, n'aurait pas été égal ou meilleur? Après tout, Cousture a mené une carrière de 3 ou 4 livres et moi de 43 à ce jour. Et puis sans personne pour lire mes livres, j'aurais accroché ma plume il y a bien longtemps... Mais je ne l'écrirai jamais, ce roman; le 'mood' a vécu...

Où donc se trouve la liberté d'expression –et la liberté tout court– quand ce sont les narco-subventions qui imposent une culture plutôt qu'une autre qui elle ne demande rien à l'État?

Bien entendu, je me heurte aux mêmes murs infranchissables quand il est question d'adaptation de mes oeuvres au petit ou au grand écran. Pas un producteur ne veut entendre parler de moi, même si toutes mes oeuvres ont subi l'épreuve du public à qui elles ne furent pas imposées par effet-mouton médiatique et malgré mes 237,000 exemplaires vendus pour une moyenne de 5,500 au titre. Le peuple n'a pas la liberté de choisir et doit prendre ce avec quoi on le gave et c'est sur la chaise du barbier Ménik que les décisions de tourner des séries télévisées se prennent.

Sans ce système à subventions qui contrôle la culture et l'engraisse là où il le veut bien, je serais proche de la tête de liste quant à des adaptations filmées de mes romans, comme je l'ai longtemps été dans les bibliothèques publiques et au niveau des ventes.

Une bataille perdue

Avec Chrétien et Ottawa, je suis allé au bout de ce que je pouvais atteindre: la chambre à coucher du Premier ministre. Et pendant dix ans, on m'a répété la même chose du côté des fonctionnaires fédéraux: je suis culturellement insignifiant même si le grand public me choisit et Ottawa n'a de soin que pour les 'culturellement significatifs'.

En méprisant ainsi mon public, Ottawa crache sur un million de lecteurs y compris madame Chrétien. Tout est dit de ce côté-là et madame Aline le sait.

Toutefois, à propos du BS et de moi, il me reste encore un mot à ajouter, que j'adresse au **chef** des Québécois.

On sait qu'il existe un grand **BS national** grâce auquel les provinces riches viennent en aide aux provinces plus pauvres dont le Québec. Ça s'appelle la **péréquation**.

Notre éminent **chef** des Québécois déclarait il n'y a pas si longtemps à ce propos et je cite:

"Qu'on nous donne les moyens de gagner notre vie avec justice et équité et on n'aura pas besoin de la péréquation (BS national)." Dixit Bernard Landry, **chef** des Québécois.

Monsieur Landry, à vous qui servez aux petits BS des vis sans fin comme votre *"Faut d'abord créer de la richesse avant de la redistribuer"* je dis au nom de tous les BS ceci:

*"Qu'on nous donne les **moyens** de gagner notre vie avec justice et équité et on n'aura pas besoin du BS."*

Me croirez-vous imbécile de dire cela? À mon tour...

En voici une autre qui va plus loin et elle est en mon seul nom et de mon seul cru:

"Que l'État cesse donc de me voler mon outil de travail que j'ai patiemment forgé de peine et de misère toutes ces années. Pas besoin de votre BS. Pas besoin de vos narco-subventions. Tout ce que je veux, c'est un minimum de justice et d'équité. Si Chrétien qui a tout fait pour me venir en aide n'a pas pu me sauver, le pourrez-vous, vous?"

Permettez-moi un mot de plus, une **promesse d'électeur**. Je ne pense pas que la panacée à tout nos maux soit l'Indépendance du Québec comme vous le dites; je crois que la panacée à plusieurs de nos mots en tout cas serait le revenu de citoyenneté et l'allègement de la machine bureaucratique.

Et s'il faut passer par l'Indépendance pour y accéder, eh bien moi, je voterai à deux mains pour la souveraineté. **Parole d'électeur**. Même si je n'ai pas voté depuis 1973.

Et puis tiens, tant qu'à promettre, je voterais souverainiste rien que sur votre promesse de démanteler l'infernale machine à pauvreté du BS pour la remplacer par une mécanique stimulante et positive.

En attendant, je n'ai pas le moindre intérêt à échanger cinq vieilles cennes noires pour un vieux nickel. Car pour moi, ce Canada ne vaut pas plus quatre vieux trente-sous que ce Québec ne vaut une piastre neuve...

Mais j'écris dans le vide. Il n'y aura pas de revenu de citoyenneté. On continuera de me voler légalement mes talents, mes travaux et mes jours. L'esprit tortionnaire continuera de dominer. Les lettres BS de rester les plus connues et méprisées... Et le préjugé assassin va perdurer grâce à la complicité de l'État.

Et moi, je resterai entre mes quatre murs pour écrire mes autres livres. Et si, maintenant coupé d'une partie de mon public acheteur par les monstres (Archambault et Renaud-Bray) surgis grâce aux narco-subventions obtenues par leurs maisons-mères et grand-mères ou soeurs de sang, je ne parviens plus à publier mes nouveautés, je le ferai sur Internet.

Mais la bureaucratie doit être en train de se gratter la tête avec ses grosses pattes pour mettre ses griffes sur cette technologie de trop de liberté citoyenne. *Faut protéger le peuple, tu sais, la porno pis toute, là...*

Et puis se trouvera-t-il une bonne âme pour me prêter sa maison mobile floridienne pendant deux semaines l'hiver prochain? Non, ça, c'est quêter... Les Samaritains, ça n'existe plus... Profiteur va! Non, mais j'aurais voulu écrire un roman intitulé **Snow Birds**... pas des BS, ça...

P.S.

Oui, c'est bien PS et non pas BS.

Je devrais faire paraître ce livre en septembre car au printemps, pas un média ne voudra en parler. Tandis qu'à l'approche de Noël, j'aurais de bien meilleures chances.

Voir si c'est le temps de parler de pauvreté quand la nature s'éveille, que les petits oiseaux nous reviennent (passant au-dessus de Victo) et que les cigales chantent dans les prés.

Des prés que nos vaillants fermiers (eux aussi de grands subventionnés) vont bientôt moissonner sans risque de nos jours de couper les pattes des petites filles...

Ah! que ce pays est beau et grand!

Mais je n'ai pas le choix. Si je laisse les sous traîner dans un compte de banque, l'État va s'en emparer pour se rembourser ce qu'il juge arbitrairement m'avoir versé de trop... sans considérer bien entendu les 100,000$ au moins que l'on m'a volés légalement chaque année depuis 24 ans. Et on empêcherait alors la parution de *La Machine à pauvreté* pour le plus grand bonheur de tous ceux qui ne le liraient jamais...

Trêve de plaisanteries et bravo à ceux qui m'ont suivi jusqu'à cette page malgré mes insultes. Ou vous m'aimez ou vous me haïssez. Et si je vous ai laissé froid, alors vous avez perdu votre temps: seriez-vous un bureaucrate par hasard?

"Qui tombe n'a pas d'amis, trébuchez seulement et regardez."

Proverbe turc

***

Note

Tous ceux qui gagnent leur vie à travailler sur le produit livre obtiennent un salaire décent qui va de 7$ l'heure (salaire minimum) à +++

Travailleurs d'imprimerie.

Représentants.

Travailleurs de l'édition.

Travailleurs de librairie.

Travailleurs de la diffusion.

Travailleurs de la promotion.

Travailleurs de bibliothèques.

Professeurs qui utilisent les livres dans leurs cours.

Transporteurs.

Graphistes.

Travailleurs de fournisseurs: encres, papiers, colles etc...

Le seul à qui cette société débile consent un revenu qui n'excède pas $1. l'heure est l'auteur, le créateur.

Et si l'un d'eux comme moi parvient à gagner beaucoup comme dans mes années 80, l'État s'arrange pour le détruire.

Ça, c'était notre culture en 1970.

Ça, c'est notre culture en 2001.

Nos gouvernements de pimps détestent ceux qui créent. Créer et gouverner, ça ne va pas trop ensemble. En fait, nos politiciens qui appellent de tous leurs voeux et de tous leurs cris de nouvelles idées les ont en horreur. Eux-mêmes généralement dépourvus de culture (ce qui n'est pas un crime), ils délèguent leurs pouvoirs à des fonctionnaires idiots qui favorisent la "SEB" (Stupid elitist bullshit), ce qui est un crime de crétinerie.

Conclusion

Vues de l'esprit

Voir le BS depuis l'extérieur et le voir de l'intérieur sont deux choses distantes d'un monde. Ne parlons que de la première puisque ce livre fut consacré à la seconde.

Il y a ceux qui regardent la pauvreté de haut et la méprisent. Ce discours est bien plus masculin que féminin. Bien plus nord-américain qu'européen. C'est la voix du préjugé chaque jour alimenté par ceux-là qui se croient et se déclarent les grands gagnants de cette société. Les réussites.

Il y a ceux qui utilisent la pauvreté et s'en nourrissent à l'année longue en la payant de retour aux abords des Fêtes par des paniers enrubannés.

Il y a ceux qui l'utilisent autrement, d'une façon bien plus vile encore, ceux-là des pouvoirs médiatique et politique, pour vendre du papier ou une image. Quand on manque de pain dans les médias, on fait un tour dans le ghetto atomisé, on fait parler les misérables et on se désole. Ou bien on fait une incursion du côté de la prostitution de rue. La glorieuse, on la tait toujours, de crainte de croiser quelque ministre de l'État, du culte ou de la richesse en se rendant l'interroger...

Il y a les bricoleurs de charités publiques dont les entre-

195

prises de dédouanement font cent fois plus de tort à la pauvreté qu'elles ne la soulagent.

Et parfois, il y a une belle âme qui parvient à ressentir un peu ce qu'est la pauvreté vécue de l'intérieur et parmi celles-là se trouve la très intellectuelle Viviane Forrester, qui nous a livré *L'horreur économique*, dont voici un extrait que je relis souvent:

Ce malheur chaque fois subi par un être conscient qui n'était pas fabriqué pour devenir un misérable, un affamé, une victime, même s'il y était destiné. Il faudrait tout de même comprendre que ces millions de scandales sont vécus un à un, qu'ils dévorent chaque fois une vie entière, unique, cette même entité précieuse, indéchiffrable qui se déploie et qui périt, du berceau à la tombe, en chacun de nous.

Cette horreur disséminée en d'autres corps que les nôtres et qui nous est synchrone, nous ne la "connaissons" pas, mais nous la "savons". Et nous savons qu'elle se vit aussi parmi nous, à notre porte, moins brutale qu'en d'autres continents, mais sans doute plus solitaire, plus humiliée, plus accusée par l'opinion du fait qu'elle n'est pas ici le lot de tous. Plus bafouée, en somme, plus blessée par la nation qui "l'abrite". Si mal.

Drôle de balance

En chaque homme s'opposent un côté sombre et un côté jardin.

Des systèmes s'implantent qui font remonter en surface la moins honorable partie de notre humanité. Il y avait du bon monde de villages allemands pour travailler dans les camps nazis ou bien sachant que derrière les murs et miradors se trouvaient, omniprésentes, la torture et la mort.

D'aucuns applaudissaient. D'autres approuvaient en silence. La plupart 'poncepilatisaient' en banalisant la chose. D'autres fermaient carrément les yeux de leur coeur pour éviter de souffrir.

Mais il exagère, celui-là... La SS d'ici et maintenant (BS), c'est rien à côté des SS allemands.

Savez-vous ce que c'est de redouter le prochain réveil en se couchant le soir? Soir après soir. De surveiller sans arrêt la chaleur de la maison pour réduire la facture d'électricité? D'avoir peur que l'électricité soit coupée ou bien qu'il vous arrive un imprévu, une avarie que vous ne pourrez pas assumer faute d'argent? De craindre comme la peste chaque jour sans trêve la venue du facteur avec ses lettres de comptes ou de menaces de la part de l'État terroriste? D'être enfermé entre quatre murs étroits d'un 1 et 1/2 que d'aucuns voudraient qu'il s'agisse d'un 0 et 1/2 ? De savoir sur votre front les deux lettres fatidiques qui vous suivent partout: à la banque, au bureau d'emploi, au bureau de poste, à la pharmacie, à la clinique médicale... D'entendre chaque jour un brillant et méritant Ti-Clin qui crache les infamantes lettres BS sans jamais se préoccuper du voisinage où il peut se trouver quelqu'un à blesser? De voir ces écoeurantes charités que se paye la société du superflu et des surplus énormes? D'entendre sans arrêt ces politiciens de pacotille se ramasser du capital d'image sur votre dos? *–Oui, je répète les mêmes choses et ne vais jamais cesser de les répéter.–* De savoir que le stress incessant tient votre pression artérielle dans des sommets qui vous préparent quelque chute de type cardio ou cérébro-vasculaire? De voir toutes vos idées, toute votre bonne volonté enfermées dans l'indigence à vie? De vous faire exiger par de sombres personnages de la fonction publique de la reconnaissance envers le drapeau que vous ne voyez même plus comme un chiffon mais comme un vulgaire torchon? De subir la crucifixion dans l'inertie? D'endurer ce qui devient vite un supplice de Tantale que cette tentation des vitrines, du superflu si aisément étalé par les mieux nantis, du luxe partout montré, du mieux-être général, des loteries vampires, tentation assortie de la privation de toutes ces choses? De voir à quel point l'argent court la méchanceté?

Obsédante, incessante humiliation. Vauvenargues écrivait: *"La pauvreté humilie les hommes jusqu'à les faire rougir de leurs vertus."* Peut-on se sentir plus mal qu'au moment où l'on rougit de ses propres qualités?

Elles sont incalculables, les maladies qui frappent la personne humaine ou se tiennent à l'affût pour se ruer sur elle; et pour leur faire face, il faut être en possession du maximum de ses moyens. Mais quand la société vous enferme dans un espace réduit, contraignant, dans le préjugé, qu'elle vous dévalorise, vous terrorise, vous méprise, n'est-il pas concevable de voir ces maux vous frapper prématurément?

Le pire pour le nanti, c'est la condamnation à mort. Le pire pour le pauvre homme, c'est d'être condamné à vivre.

Il m'arrive souvent de penser que ce monde se divise en trois groupes.

1–Les générations d'avant les baby-boomers: **pas de tête**.

2–Les générations des baby-boomers: **pas de coeur**.

3–Les générations d'après les baby-boomers: **pas d'âme**.

Et quand je repasse en ma tête le contenu de ce livre, que je repense à la haine du pauvre généralisée, je n'arrive pas à me dire que c'est moi le cave dans toute cette histoire.

Né de bonnes intentions sans doute, le système BS a sombré. On en a perdu le contrôle et il a capoté pour se retrouver au service du côté sombre de la nature humaine. Le mépris du pauvre est issu de la peur de la pauvreté pour soi-même; le système l'utilise tant qu'il peut derrière sa façade enrubannée. Le grand public en est venu à vouloir des pauvres pas trop loin pour les regarder parfois comme des bêtes de zoo et se sentir soulagé de ne pas être comme elles, et pour avoir le plaisir une fois l'an de leur lancer des peanuts sous emballages multicolores.

Le système BS est immoral et perfide. Il fait vibrer le petite marquis (de Sade) qui dort toujours d'un seul oeil dans une sombre chambre de notre nature.

Ce système BS utilisé par notre système à narco-subventions est criminel, qui pousse les 'bénéficiaires' à l'illégalité en laquelle ils doivent nécessairement plonger pour assumer leur premier devoir, celui de survivre dans un minimum de dignité humaine.

Friande d'un équilibre des valeurs, cette société de négociation a érigé une super balance... truquée. La voici.

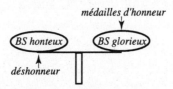

Pour présenter la façade d'un équilibre en fait très illusoire car le montant du BS honteux est très réduit par rapport à celui du BS glorieux (narco-subventions), on fait en sorte qu'un des plateaux soit poussé vers le haut par le mépris qui dramatise, et que l'autre soit poussé vers le bas par des médailles qui allègent. Les tenants et accros des narco-subventions deviennent alors forcément des dénonciateurs de

BS qu'ils voudraient voir traqués comme des rats de dépotoirs; et le public, bête et méchant comme il l'est toujours, les suit et transporte leurs bactéries dévoreuses de dignité, de respect, de compassion.

Cette société est immorale. Le sang versé par elle n'est ni rouge ni liquide...

Ainsi parlait Zarathoustra

De nos jours, les bien-pensants joyeux se nourrissent abondamment d'une pensée de Nietzche qui se résume en une petite phrase que j'ai souvent utilisée:

Tout ce qui ne te tue pas te fait grandir.

Le problème avec le système BS, c'est que précisément, il te tue à petites doses chaque jour que Dieu amène et tu en viens à n'avoir pour seul désir, pour unique ambition que de parvenir au plus vite au sommeil qui t'emporte loin de l'agression quotidienne qui ne connaît jamais de répit et grignote sans cesse le meilleur de toi-même.

Tout ce qui ne te tue pas te fait grandir, sauf que le BS te tue à petites doses chaque jour, chaque jour, chaque jour, et il te rapetisse donc chaque jour, chaque jour, chaque jour.

Honte d'un pays 'fier', avatar d'une 'démocratie' où la loi du plus grand nombre est la seule qui prime, l'absurde machine à pauvreté constitue une insulte à l'intelligence humaine. La seule image qui lui rende justice est celle d'une meute de bêtes carnivores en train de dévorer une proie et qui exclut de la curée la plus faible d'entre elles dont le seul crime en est un de faiblesse.

Le plus désolant, c'est qu'il y a une solution...

Un dernier mot

Si ce livre devenait un guide pour ces pauvres qui entreprendraient de se faire justice eux-mêmes suivant les méthodes de *Entre l'amour et la guerre*, cela et cela seulement me comblerait d'honneur et de richesse. Et je ne connaîtrai la paix en ce monde que le jour où ce BS maudit sera démantelé et remplacé par le revenu de citoyenneté. Et Dieu veuille alors que l'effroyable machine à déshumaniser disparaisse à jamais de la face du pays soi-disant le meilleur au monde.

La vie n'est-elle pas trop courte pour être aussi petite?

On n'est jamais seul

David n'est pas seul pour affronter Goliath. Ils sont nombreux à batailler contre l'État et sa pernicieuse machine à pauvreté. Et puis 237,000 livres vendus, cela signifie –en langage d'éditeur– 1 million de lecteurs. Ces gens ne partagent pas forcément toutes mes idées, mais ils ont, je crois, le respect de la différence. Sans eux, je serais déjà mort, étouffé par ce Canada des uns, ce Québec des autres, deux espèces de pays à façades souriantes mais qui s'essuient les pieds sur les plus vulnérables et savent même en fabriquer de toutes pièces, de ces sinistrés du système que l'on occulte puisqu'ils ne peuvent servir le capital d'image du politique...

Des drapeaux qui ne savent que se battre entre eux au lieu de battre au rythme du coeur de tous ne sont pour moi que des guenilles malpropres... Et puisque mes deux pays s'essuient les pieds sur mon dos, qu'on me comprenne d'essuyer les miens sur leurs torchons.

David n'est pas tout à fait seul...

FIN

Autres pensées à retenir

Qui méprise le pauvre injurie son Créateur.
Bible

A quoi sert l'étendue du monde quand nos souliers sont trop étroits? Maxime serbe

L'égalité n'a d'autre existence que celle de son nom.
Euripide

Parce que je crois en la justice, je suis obligé de croire en Dieu. Moi-même

Ce ne sont pas les puces des chiens qui font miauler les chats. Maxime chinoise

AGMV Marquis

MEMBRE DU GROUPE SCABRINI
Québec, Canada
2001